일렉 기타 어드벤쳐

Lesson Book 1

by Pete Kershaw **초급용**

《어드벤쳐 시리즈》 일렉 기타 교재는 베이스 기타 교재, 드럼 교재와 함께 사용할 수 있습니다. 각 레슨마다 베이스 기타와 함께 연주할 수 있는 음악이 한 곡 이상 수록되어 있습니다. 레슨 7부터는 베이스 기타, 드럼과 함께 연주할 수 있는 곡들이 있습니다.

악보에 𝄢 기호가 있으면 베이스 기타, 🥁 기호가 있으면 드럼과 함께 연주하세요.

music tree

Foreword

세계적인 스테디셀러 《A New Tune a Day》의 한국어판 《어드벤쳐 시리즈》 전권을 출간하게 된 것을 기쁘게 생각합니다.

최고의 전문가들이 참여하여 '가장 쉽게 시작하면서도, 정확하게 배울 수 있는 교수법'을 다년간 연구하였습니다. 이 교수법을 바탕으로 바이올린, 플루트, 기타 등 15개의 악기, 총 28권의 교재가 개발되었으며, 음대 교수님들과 오케스트라 음악감독 등 권위자의 감수를 통해 우수성을 검증받았습니다.

본 시리즈는 악기를 중간에 포기하는 일이 없도록 누구나 좋아하는 노래, 클래식, 재즈, 크리스마스 캐롤 등 친근한 레퍼토리를 통해 테크닉과 음악성을 동시에 길러주며, 세심하게 구성된 진도와 CD가 실력을 빠르게 쌓을 수 있도록 이끌어줄 것입니다. 각 악기별로 공통된 연주곡도 담겨있어 학교 앙상블 수업이나 동호회 연주회에도 효과적입니다. 바이올린 교재는 첼로, 비올라 교재와, 클라리넷은 색소폰과, 일렉 기타는 베이스 기타, 드럼 교재와 함께 사용할 수 있습니다.

《어드벤쳐 시리즈》로 평생 즐길 수 있는 나만의 악기를 찾고, 음악을 통해 새롭게 펼쳐질 풍요로운 삶을 누리시기 바랍니다.

한국어판 감수를 도와주신 서울대학교 최경환, 김재윤 교수님, 한국예술종합학교 오광호, 이강호, 이성우, 이성주, 이철웅 교수님을 비롯하여 원무연, 이하재, 조장휘, 진우경 교수님께 감사 드립니다.

《어드벤쳐 시리즈》만의 장점

- 교수법을 바탕으로 한 체계적인 진도
- 기초 음악이론과 클리닉을 위한 중간 테스트
- 관련 장비, 자세, 테크닉에 대한 친절한 설명
- 누구나 쉽게 배우는 스케일 & 앰프세팅 차트

- 클래식, 재즈, 팝송 등 연주효과 탁월한 레퍼토리
- 각 레슨마다 학습목표 제시
- 자세와 운지법을 익힐 수 있는 사진과 그림
- 시범연주와 반주가 수록된 CD로 탁월한 연습효과

어드벤쳐 시리즈 구성

악기 종류별 레슨 교재		병행 교재		악기 종류별 레슨 교재		병행 교재	
관악기	플루트 어드벤쳐 레슨 1, 2	연주곡집	스케일 & 아르페지오 교재	현악기	바이올린 어드벤쳐 레슨 1	연주곡집	스케일 & 아르페지오 교재
	클라리넷 어드벤쳐 레슨 1, 2	연주곡집			첼로 어드벤쳐 레슨 1	연주곡집	
	트럼펫 어드벤쳐 레슨 1	연주곡집			비올라 어드벤쳐 레슨 1	연주곡집	
	트롬본 어드벤쳐 레슨 1	연주곡집		기타	클래식 기타 어드벤쳐 레슨 1	연주곡집	
	알토 색소폰 어드벤쳐 레슨 1, 2	연주곡집			어쿠스틱 기타 어드벤쳐 레슨 1	연주곡집	
	테너 색소폰 어드벤쳐 레슨 1	연주곡집			일렉 기타 어드벤쳐 레슨 1	연주곡집	
타악기	드럼 어드벤쳐 레슨 1	연주곡집			베이스 기타 어드벤쳐 레슨 1	연주곡집	
건반악기	피아노 어드벤쳐 레슨 1	연주곡집					

《병행교재》

- **연주곡집:** 레슨 교재 1권 중반부터 병행교재로 함께 배우거나, 독주 및 앙상블 레퍼토리로 활용하면 좋습니다.
- **스케일&아르페지오 교재:** 모든 악기에 사용할 수 있는 스케일&아르페지오 교재에는 전통 클래식 음악에 사용되는 장음계와 단음계 외에도 록과 재즈 연주에 도움이 되는 블루스, 펜타토닉, 디미니쉬 스케일 등이 수록되어 있어 탄탄한 테크닉을 길러줍니다.

Contents

A New Tune *A* Day

This book © 2007 Boston Music Company,
a division of Music Sales Limited.

Edited by David Harrison
Music processed by Paul Ewers Music Design
Original compositions and arrangements by Pete Kershaw
Cover and book designed by Chloë Alexander
Photography by Matthew Ward
Models: Cam Potts and Daniela de Waal
Backing tracks created and recorded by Guy Dagul
CD performance by Pete Kershaw, Steve Kershaw and Chris Baker
CD mixed and mastered by Jonas Persson and John Rose

www.musicsales.com

음악의 첫걸음

보표

줄이 다섯 개라서 오선보라고도 합니다.
음표는 5개의 선 위에 그립니다. 모든 보표에는 악기의 음역을 나타내주는 음자리표가 있습니다.

높은음자리표: 주로 선율 악기에 사용

보표에는 마디를 나누는 세로줄이 있습니다.
각 마디의 길이는 동일합니다.

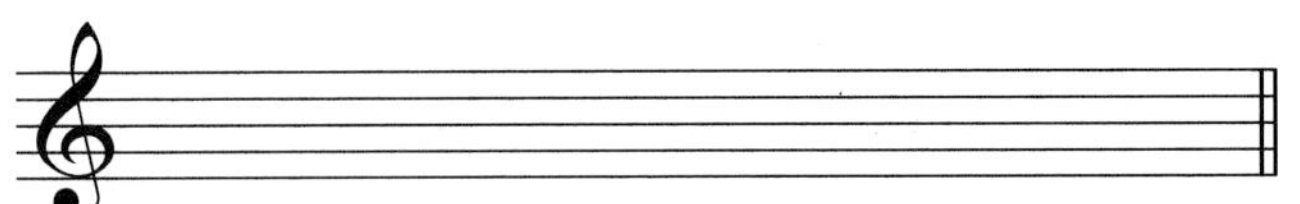

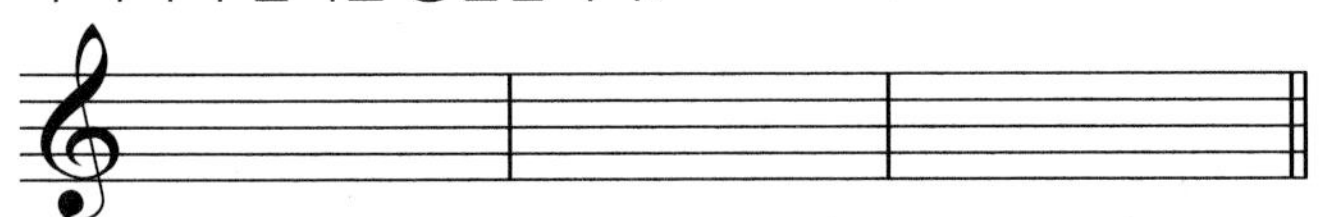

음표와 쉼표의 길이

음표의 길이는 다양한 모양으로 나타냅니다. 음표와 길이가 같은 쉼표도 있습니다.
음표와 쉼표의 이름은 온음표를 몇 개로 나눌 수 있는지를 의미합니다.
온음표를 4로 나누면 4분음표, 8로 나누면 8분음표라고 합니다.

음표 오른쪽에 점을 찍으면 원래 길이의 절반만큼 음표의 길이가 길어집니다.
예를 들어 점2분음표 하나의 길이는 2분음표와 4분음표를 더한 길이와 같습니다.

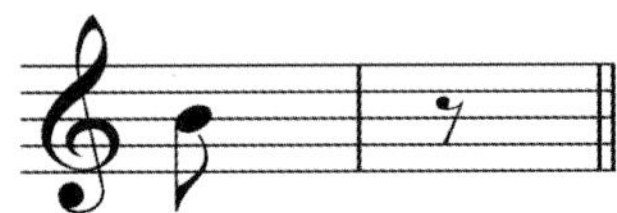

8분음표 (반 박) = 8분쉼표 (반 박)

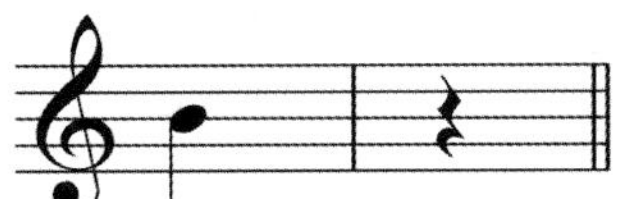

4분음표 (1박) = 4분쉼표 (1박)

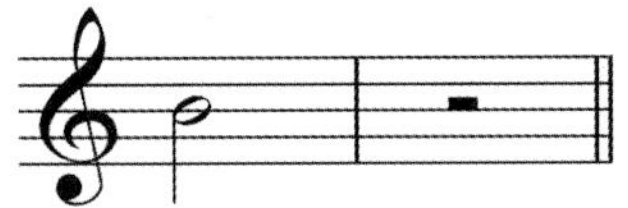

2분음표 (2박) = 2분쉼표 (2박)

온음표 (4박) = 온쉼표 (4박)

그 외의 음길이

음표 오른쪽에 점을 찍으면 원래 길이의 절반만큼 음표의 길이가 길어집니다.
예를 들어 점2분음표 하나의 길이는 2분음표와 4분음표를 더한 길이와 같습니다.

8분음표 묶기

둘 이상의 8분음표가 연달아 나올 경우 꼬리를
이렇게 연결할 수 있습니다.

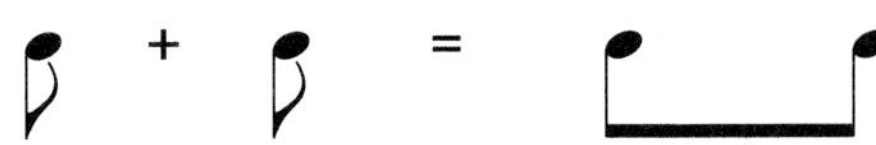

박자표

박자표는 음자리표 옆에 그립니다. 위의 숫자는 한 마디 안에 몇 개의 박이 들어가는지 알려주고, 아래의 숫자는 기준이 되는 음표를 나타냅니다.

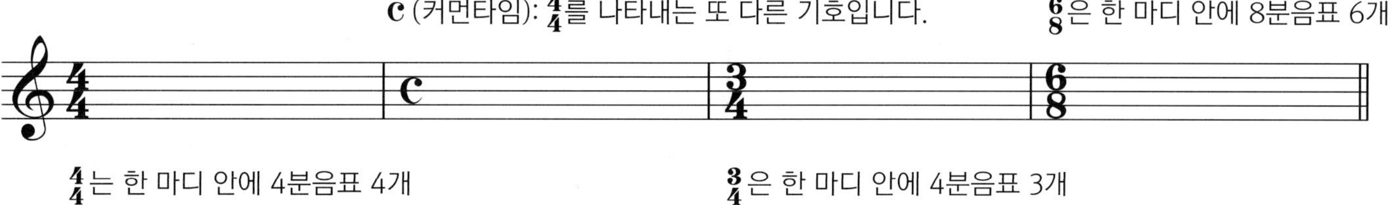

음이름

음이름은 알파벳의 첫 일곱 글자에서 가져온 것입니다. 음은 음높이에 따라 보표의 줄이나 칸 위에 그립니다.

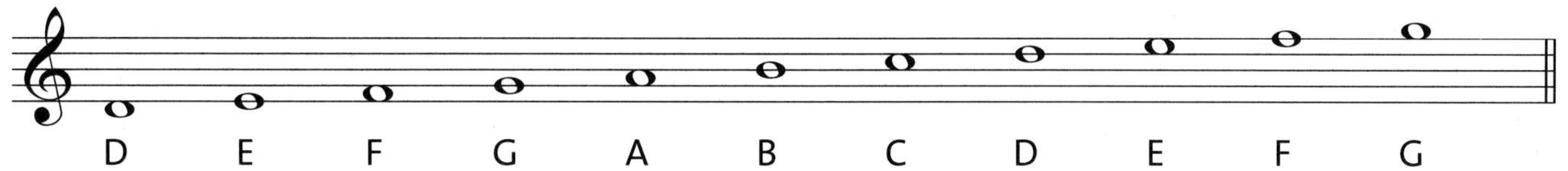

임시표

샵(올림표)이나 플랫(내림표) 같은 임시표 기호를 사용하면 음높이를 반음 내리거나 올릴 수 있습니다.

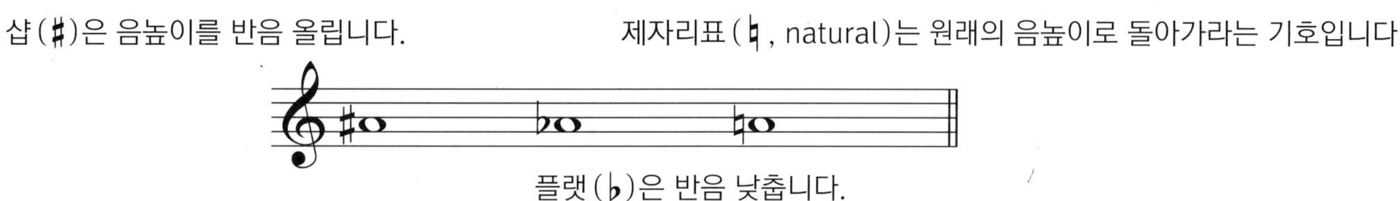

덧줄

보표 밖의 음은 덧줄을 그려 표시합니다.

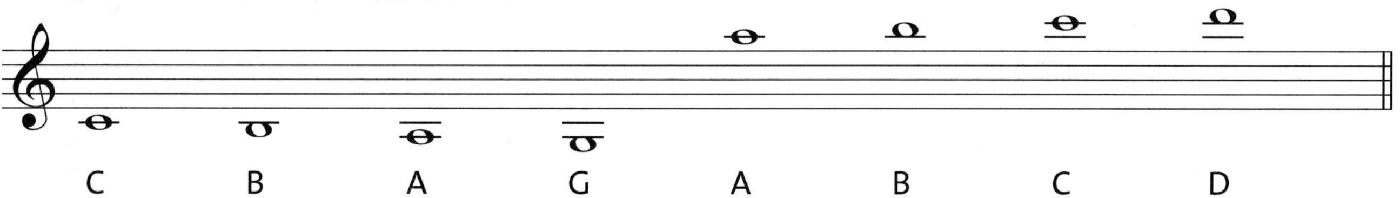

세로줄

여러 가지 종류의 세로줄 :
겹세로줄은 음악의 한 부분이 끝났다는 표시입니다.
끝세로줄은 한 곡이 끝났다는 의미입니다.

연주에 앞서

타브 악보 읽기

태블러처(tablature) 또는 일반적으로 타브(TAB)라고 부르는 악보는 기타의 여섯 줄을 여섯 개의 가로선으로 표현한 악보입니다. 타브의 윗줄이 기타의 1번 줄(가장 얇고 음이 높은 현)이고, 타브의 가장 아랫줄이 기타의 6번 줄(가장 두껍고 음이 낮은 현)입니다.

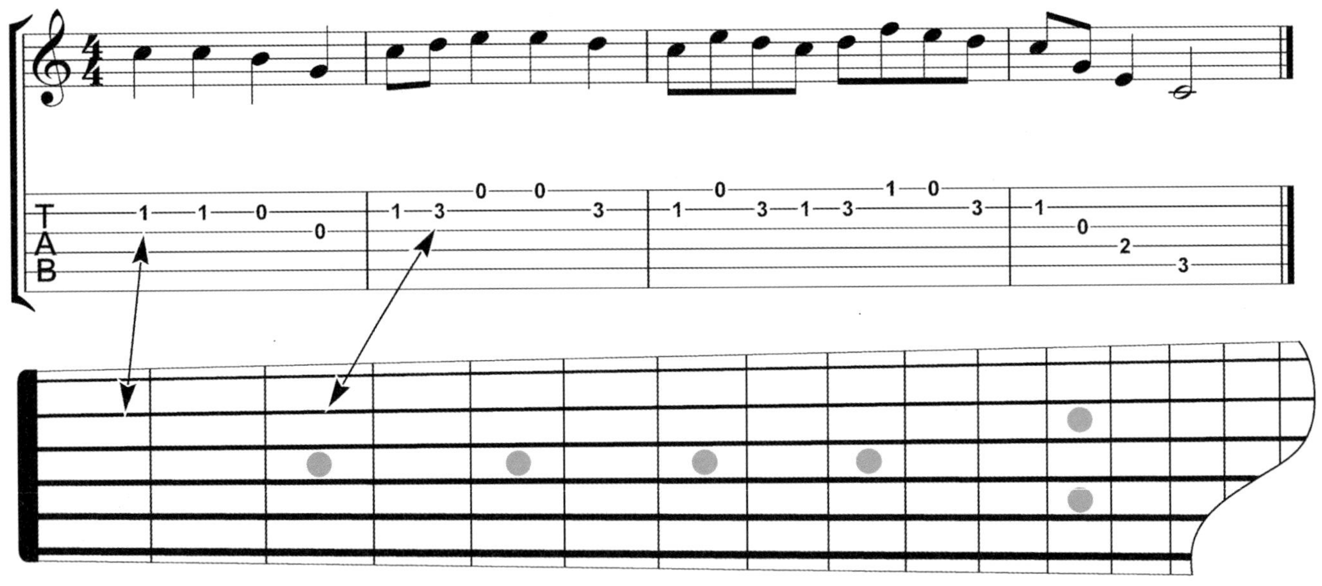

줄 위에 적힌 숫자는 어느 프렛을 짚어야 하는지 보여줍니다. 0은 * 개방음으로 연주하라는 뜻입니다. 타브 악보는 보통 오선보와 함께 있는 경우가 많습니다. 오선보는 어떤 음을 어느 정도의 길이로 연주해야 하는지 보여줍니다.

> * 개방음: 손가락을 짚지 않은 상태의 현을 개방현이라고 하고 개방현을 퉁겼을 때의 음을 개방음이라고 합니다.

코드표

코드표는 * 코드(화음)를 어떻게 짚어야 하는지 보여줍니다.

코드표의 세로줄은 기타의 여섯 현을 나타내며, 가장 왼쪽 세로줄이 6번 현, 가장 오른쪽 세로줄이 1번 현입니다. 가장 위의 두꺼운 가로줄은 너트를, 그 아래의 가로줄들은 프렛을 나타냅니다. O표는 그 현을 개방음으로 연주하라는 뜻이고, X표는 그 현을 연주하지 말라는 뜻입니다.

> * 코드: 두 음 이상이 동시에 소리나는 것.

B7 코드

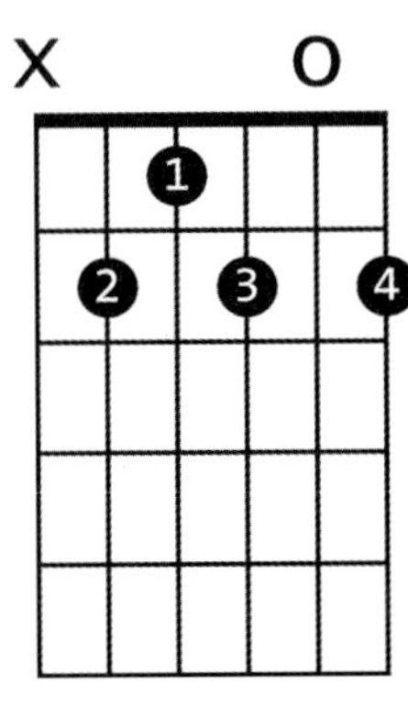

Tip

이 코드표는 B7 코드를 보여줍니다. 코드표를 사진과 비교해보세요.

기타 잡는 법

의자에 앉아 기타를 오른쪽 다리 위에 올립니다. 허리를 곧게 펴고 어깨는 경직되지 않도록 힘을 뺍니다. 보면대에 악보를 놓고 연주하면 허리를 구부리지 않고 연주할 수 있습니다.

일반적으로는 앉아서 연주하는 것이 가장 편한 자세입니다. 하지만 많은 일렉 기타리스트들이 서서 연주하는 것을 선호합니다. 서서 연주할 때는 앉아서 연주할 때와 같은 위치에 기타가 오도록 스트랩(어깨끈)을 조절하세요. 기타가 너무 아래로 내려가 있으면 연주하기에 불편합니다.

피크 잡는 법

피크는 그림과 같이 오른손 엄지와 검지로 잡습니다. 처음에는 피크를 쥐는 손 모양이 어색하게 느껴질 수 있지만, 익숙해지면 자연스럽게 피크를 사용할 수 있을 것입니다.

사람에 따라서 피크를 깊게 잡기도 하고 얕게 잡기도 합니다. 여러 가지 방법을 시도해보고 자신에게 잘 맞는 방식으로 피크를 잡으세요.

피크는 엉성하게 잡으면 안 되지만, 오른팔에 너무 힘이 들어가도 안 됩니다.

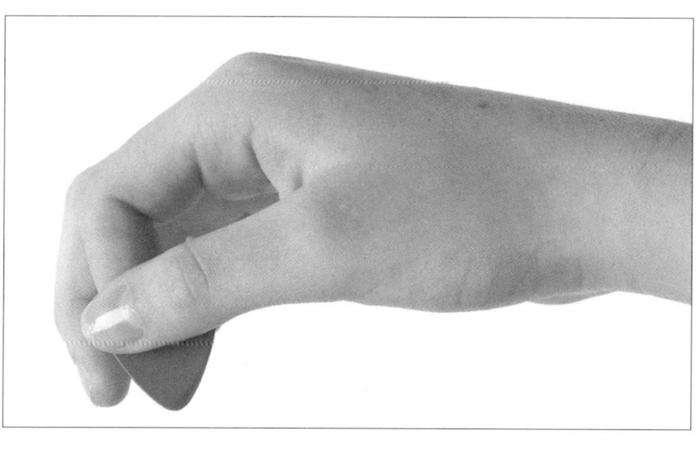

조율하기

기타를 조율하는 것은 어렵고 시간이 걸리는 일이지만, 많이 해보면 더 빨리 할 수 있게 될 것입니다.

피아노에 맞춰 조율하기

기타의 여섯 줄은 아래 그림처럼 여섯 건반의 음에 맞춰 조율합니다.

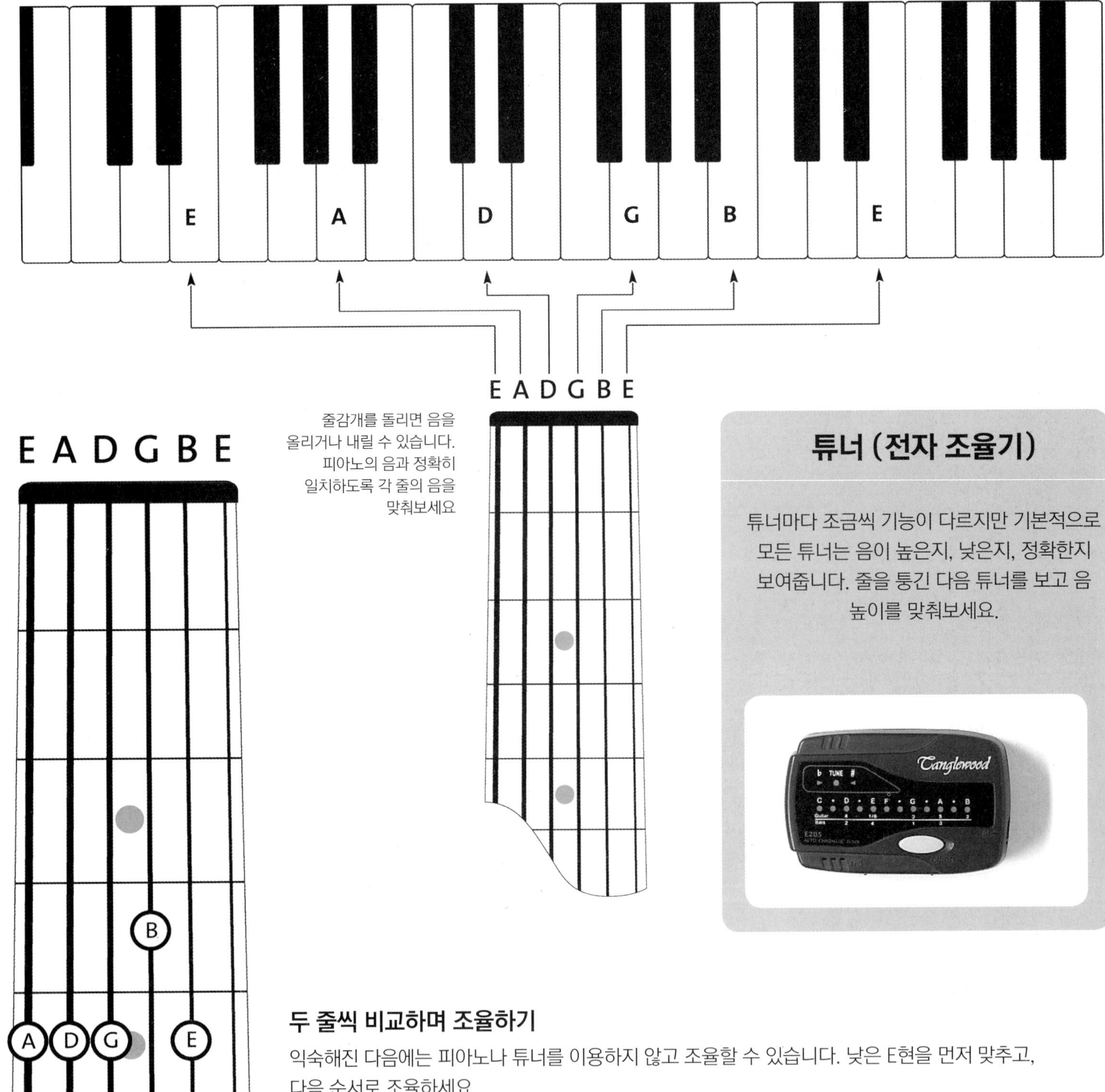

튜너 (전자 조율기)

튜너마다 조금씩 기능이 다르지만 기본적으로 모든 튜너는 음이 높은지, 낮은지, 정확한지 보여줍니다. 줄을 퉁긴 다음 튜너를 보고 음 높이를 맞춰보세요.

두 줄씩 비교하며 조율하기

익숙해진 다음에는 피아노나 튜너를 이용하지 않고 조율할 수 있습니다. 낮은 E현을 먼저 맞추고, 다음 순서로 조율하세요.

1. 6번 줄, 5프렛을 짚으세요. 이 음은 **A**음입니다. 이 A음은 5번 줄의 개방음과 같아야 합니다. 두 줄을 연주했을 때 같은 음이 나도록 5번 줄을 조율하세요.
2. 5번 줄, 5프렛을 짚으세요. 이 음은 **D**음입니다. 이 음과 4번 줄을 비교하며 조율하세요.
3. 4번 줄, 5프렛은 **G**음입니다. 이 음과 같은 음을 내도록 3번 줄을 조율하세요.
4. 3번 줄, 4프렛을 짚으세요. **B**음입니다. 이 음과 비교하여 2번 줄을 조율하세요.
5. 2번 줄, 5프렛입니다. 이 음은 **E**음입니다. 이 음과 같은 음을 내도록 1번 줄을 조율하세요.

일렉 기타

- **픽업**은 연결 케이블을 통해 앰프로 현의 소리를 전달해줍니다.
- **픽업 셀렉터**는 어떤 픽업을 사용할지 선택하는 스위치입니다.
- **브릿지 픽업**(리어 픽업)은 밝고 단단한 음색을 내고, **넥 픽업**(프런트 픽업)은 어둡고 부드러운 음색을 냅니다. 보통은 이렇게 두 개의 픽업이 있지만, 3개의 픽업과 5단계로 된 픽업 셀렉터가 있어서 더 다양한 음색을 낼 수 있는 기타도 있습니다.
- **톤 컨트롤**은 각 픽업의 음색을 더 밝거나 어둡게 조절해줍니다.
- **볼륨 컨트롤**은 픽업의 소리 크기를 조절해줍니다.

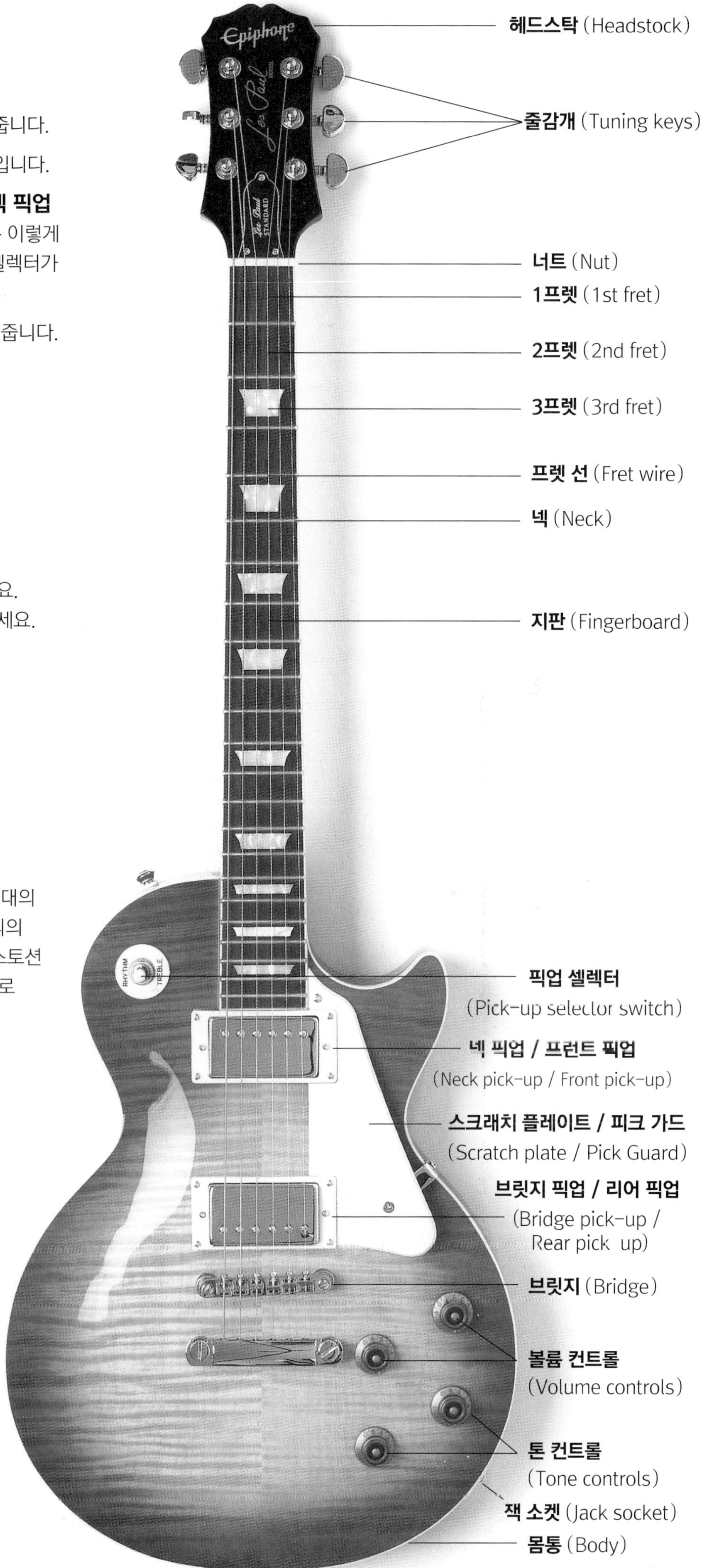
Epiphone
Les Paul
RHYTHM
TREBLE
헤드스탁 (Headstock)
줄감개 (Tuning keys)
너트 (Nut)
1프렛 (1st fret)
2프렛 (2nd fret)
3프렛 (3rd fret)
프렛 선 (Fret wire)
넥 (Neck)
지판 (Fingerboard)
픽업 셀렉터
(Pick-up selector switch)
넥 픽업 / 프런트 픽업
(Neck pick-up / Front pick-up)
스크래치 플레이트 / 피크 가드
(Scratch plate / Pick Guard)
브릿지 픽업 / 리어 픽업
(Bridge pick-up / Rear pick up)
브릿지 (Bridge)
볼륨 컨트롤
(Volume controls)
톤 컨트롤
(Tone controls)
잭 소켓 (Jack socket)
몸통 (Body)

기타와 앰프 연결하기

연결 케이블은 항상 기타에 먼저 꽂은 다음 앰프에 꽂으세요. 뺄 때는 반대로 앰프에서 먼저 뽑은 다음 기타에서 분리하세요. 이렇게 해야 잡음이 나거나 앰프가 상하는 일을 방지할 수 있습니다.

앰프 (Amplifier)

앰프는 매우 다양하지만 대부분의 제품에는 고, 중, 저음역대의 음색을 조절하는 트레블, 미들, 베이스 음색 조절장치, 소리의 잔향을 조절하는 리버브(reverb), 소리를 왜곡시키는 디스토션(distortion)이 있습니다. 이런 조절기들을 다양한 방식으로 실험해보면 앰프를 잘 다룰 수 있게 됩니다.

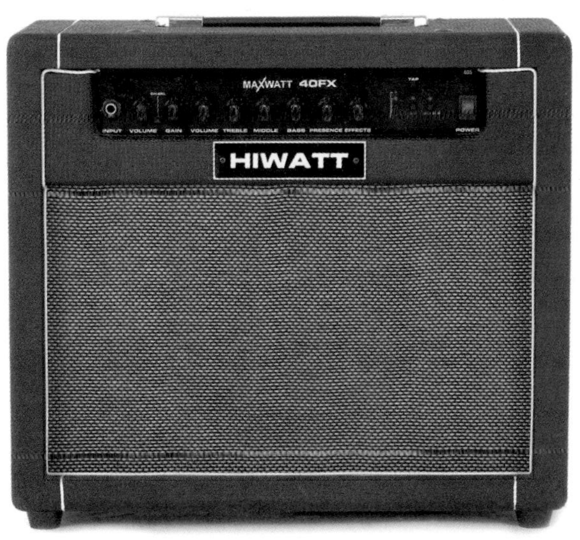

MAXWATT 40FX
HIWATT

Lesson 1

goals:

1. 1번 현의 E음, F음, G음
2. 왼손 테크닉: 피킹, 스트러밍, 뮤트
3. 박자 세며 연주하기

4. E코드와 A코드
5. 리듬 기타 악보

왼손의 손가락은 그림과 같이 1~4의 번호로 부릅니다.

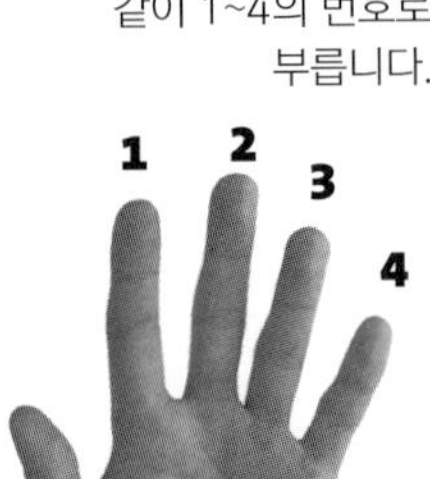

높은 E현 (1번 현)

E

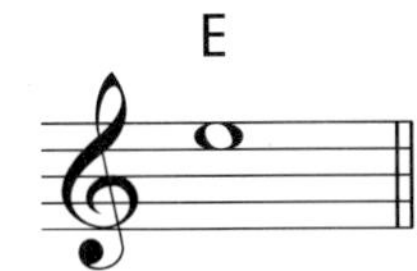

높은 E현을 위에서 아래로 퉁겨보세요. 이렇게 오른손을 위에서 아래 방향으로 움직이는 것을 다운 스트로크 (down stroke)라고 부르고 ⊓ 기호로 표기합니다.
줄을 퉁길 때는 피크를 사용하세요. 피크를 사용해 연주하는 것을 피킹이라고 합니다.

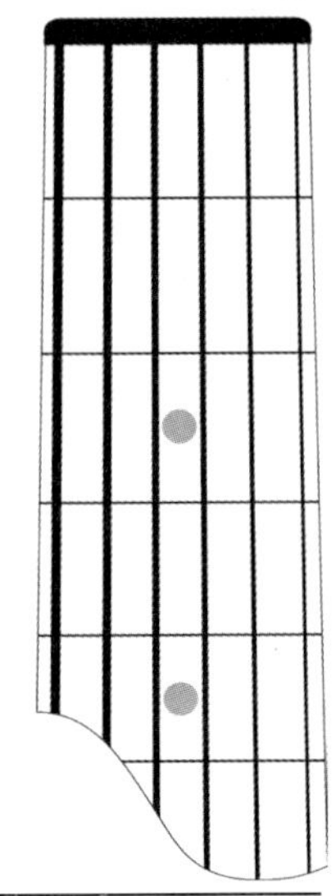

F

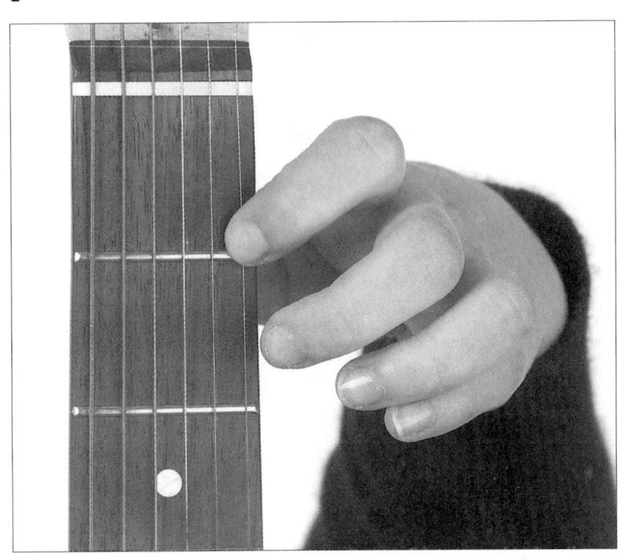

1번 현의 첫 번째 프렛을 누르면 F음을 연주할 수 있습니다.
1번 손가락으로 F음을 짚고 다운 피킹으로 연주해보세요.
줄을 짚을 때는 프렛 가까이에서 짚어야 또렷한 소리가 납니다.
또렷한 소리가 나도록 현을 가볍게 누르세요.

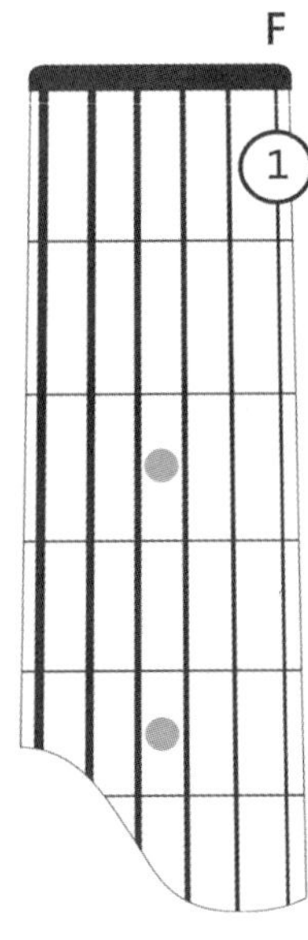

G

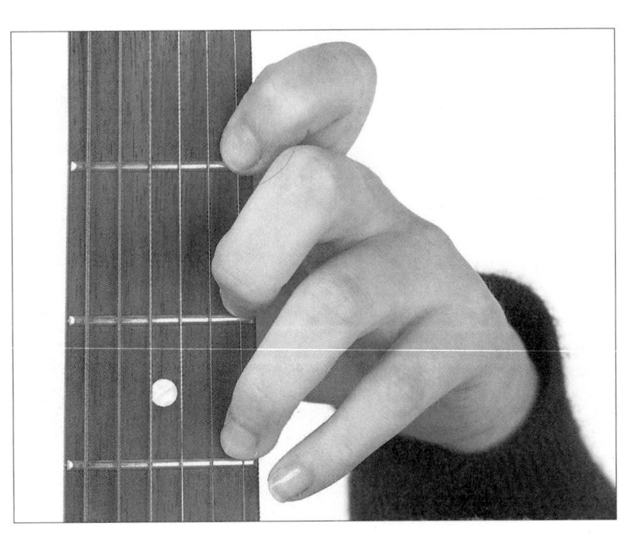

이번에는 3번 손가락으로 3프렛을 눌러 G음을 연주해보세요.

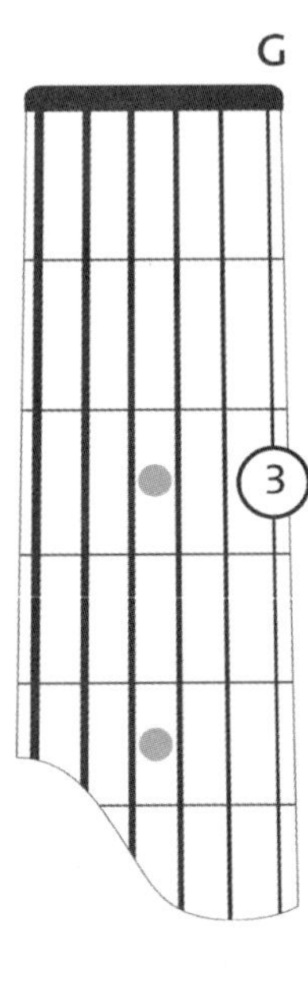

Lesson 1

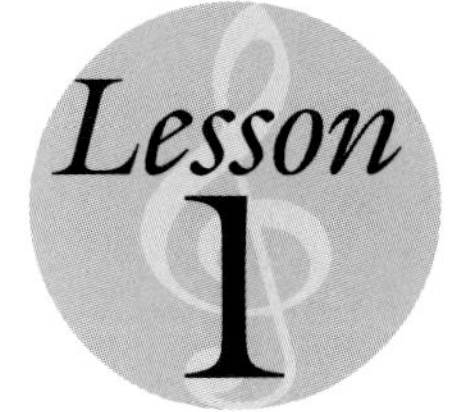

왼손 테크닉

일단은 1프렛은 1번 손가락으로, 2프렛은 2번 손가락으로, 3프렛은 3번 손가락으로 연주하세요. 2번 손가락을 짚을 때 1번 손가락은 같은 줄의 1프렛에 두세요.

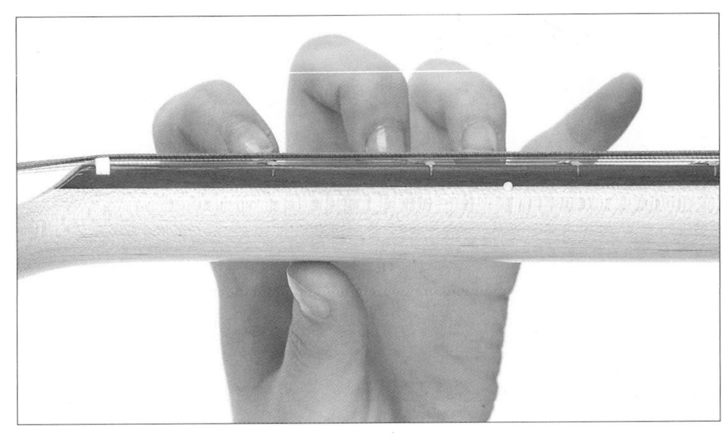

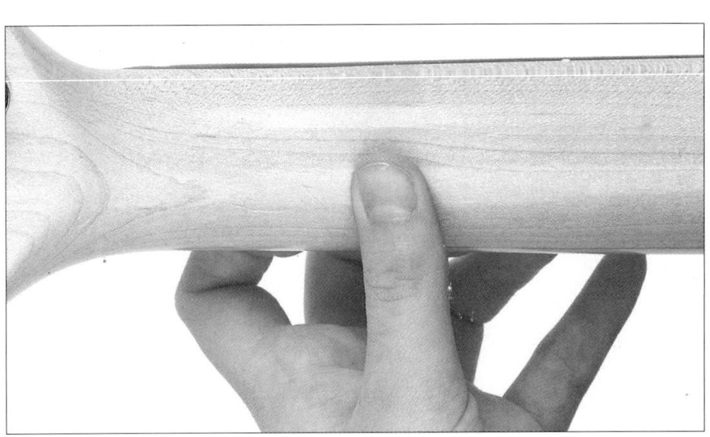

3번 손가락을 짚을 때는 1번과 2번 손가락을 각각 1프렛과 2프렛에 두세요. 4번 손가락을 짚을 때도 마찬가지입니다. 한 음씩 연주할 때 엄지는 넥의 뒷면에, 1번과 2번 손가락 사이에 오도록 둡니다.

연습 1.

큰 소리로 박을 세며 다운 피킹으로 아래 연습곡들을 연주해보세요.

***Count:* 1 2 3 4 계속**

Tip

𝅝 온음표, 4박
𝄻 온쉼표, 4박

연습 2.

***Count:* 1 2 3 4 계속**

𝅗𝅥 2분음표, 2박
𝄼 2분쉼표, 2박

연습 3.

***Count:* 1 2 3 4 계속**

♩ 4분음표, 1박
𝄽 4분쉼표, 1박

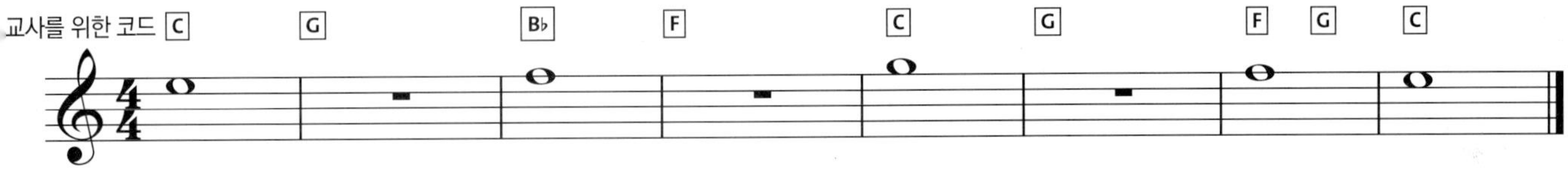

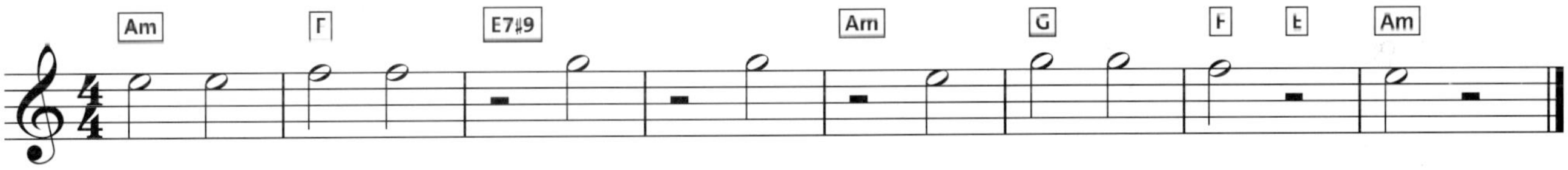

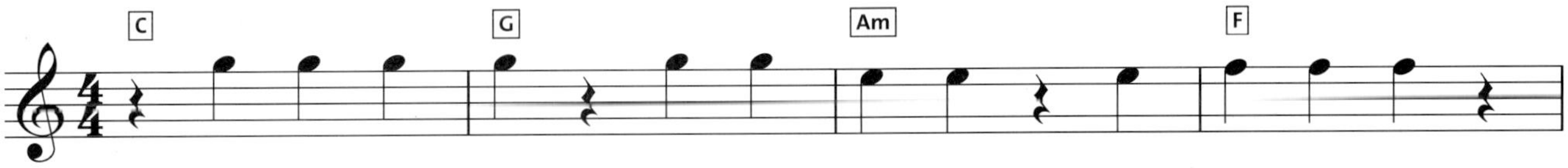

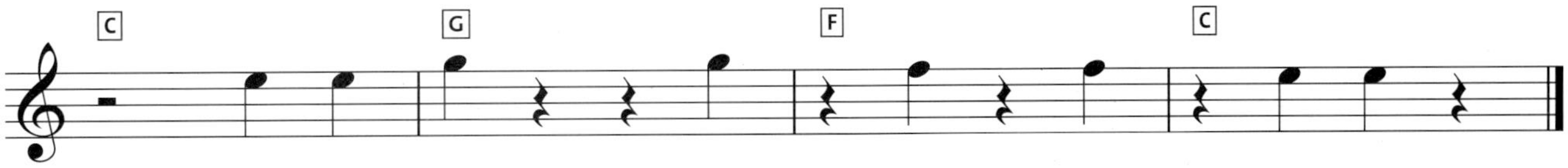

Lesson 1

코드

E

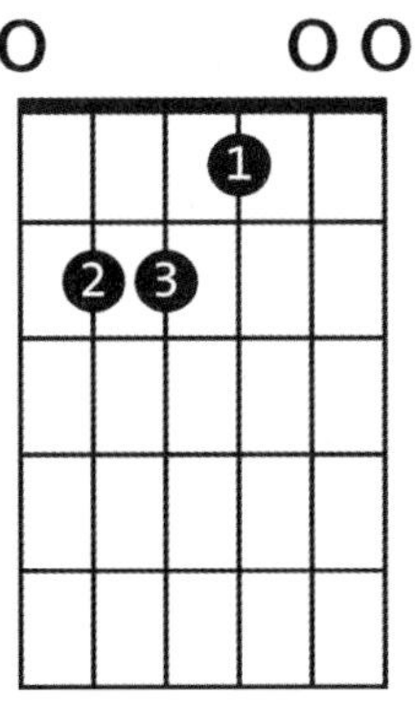

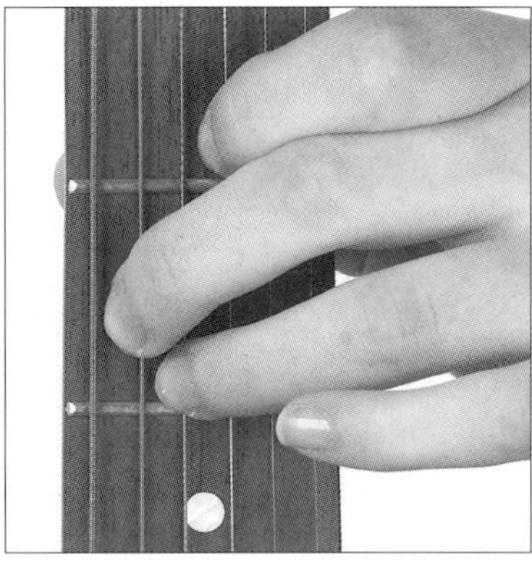

코드는 두 음을 동시에 연주하는 것입니다.
코드를 연주할 때는 지판을 짚는 손가락들이 옆줄에
닿지 않도록 주의하세요.

한 줄씩 퉁겨보며 모든 줄이 또렷하게 소리 나는지,
음을 정확하게 짚었는지 확인해보세요.
그런 다음 여섯 줄을 동시에 쳐보세요.
이 주법을 스트러밍이라고 합니다.

A

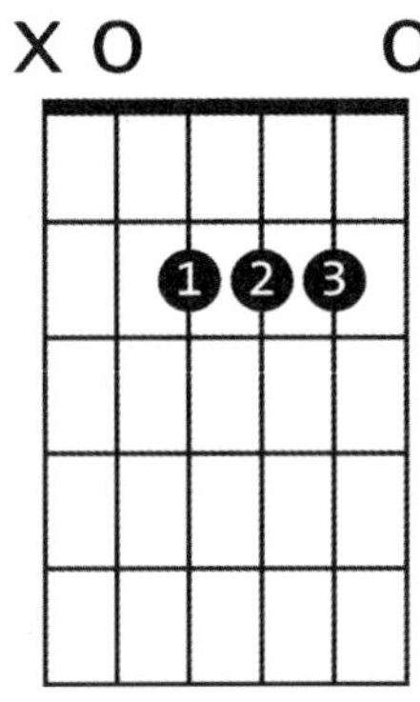

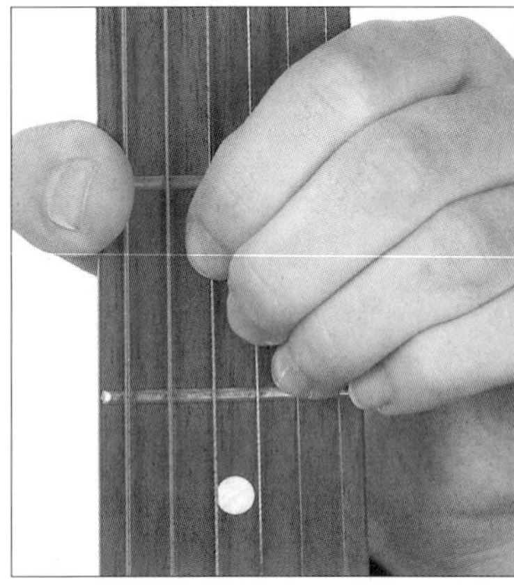

A 코드는 다섯 개의 줄만 연주합니다. 엄지를 6번 줄에
살짝 대면 오른손으로 스트러밍할 때 6번 줄을 건드려도
6번 줄의 소리가 나지 않을 것입니다. 줄의 소리가 나지
않게 하는 것을 뮤트(mute)라고 합니다.
코드를 연주할 때 엄지로 줄을 뮤트하는 방법은 앞으로도
자주 사용하게 될 것입니다.
한 줄씩 퉁기며 소리를 확인한 후 5번 줄에서 1번 줄까지
동시에 스트러밍 해보세요.

리듬 기타 악보

일렉 기타를 연주하다보면 리듬에 맞춰 코드를 연주하는 일이 많습니다. 한 음씩 연주할 때와 코드로 리듬을 연주할 때
악보가 조금 다릅니다. 아래 악보의 윗줄에 있는 음표는 한 음씩 연주합니다. 그 아래 음표는 리듬을 연주한다는 뜻입니다.

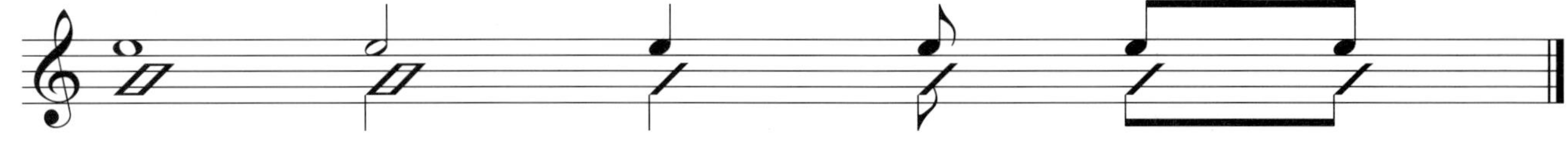

연습 4.

* 다운 스트러밍으로 연주하세요.

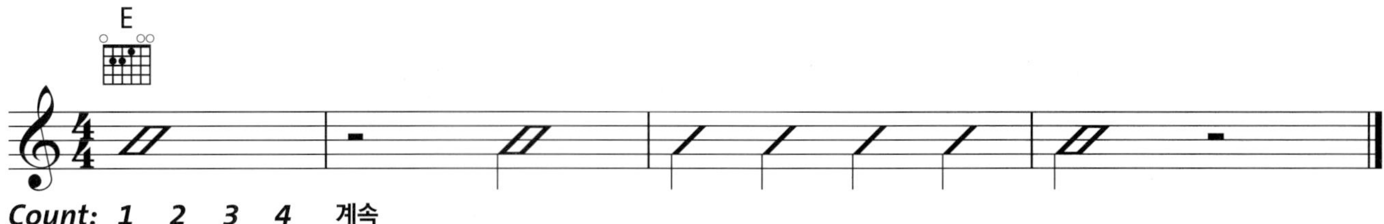

Count: **1   2   3   4**   계속

* 다운 스트러밍: 아래 방향으로 스트러밍 하는 것.

연습 5.

Lesson 1

레슨 1을 위한 연주곡

The Night Shift (야간 근무)
Pete Kershaw
8-9

Matilda's Revenge (마틸다의 복수)
Pete Kershaw
10-11

Souled Out (소울드 아웃)
Pete Kershaw
12-13

goals:

1. 2번 현의 B음과 C음
2. 점2분음표
3. $\frac{3}{4}$박자
4. D 코드
5. 컨트리 스타일 스트러밍

Tip ## B현 (2번 현)

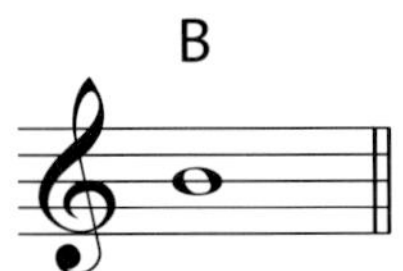

B

2번 현을 개방음으로 연주하면 B음입니다.

2번 현, 1프렛, 1번 손가락

2번 현, 3프렛, 3번 손가락

C　　　　　　　　　　　　　　　　　　　　　　**D**

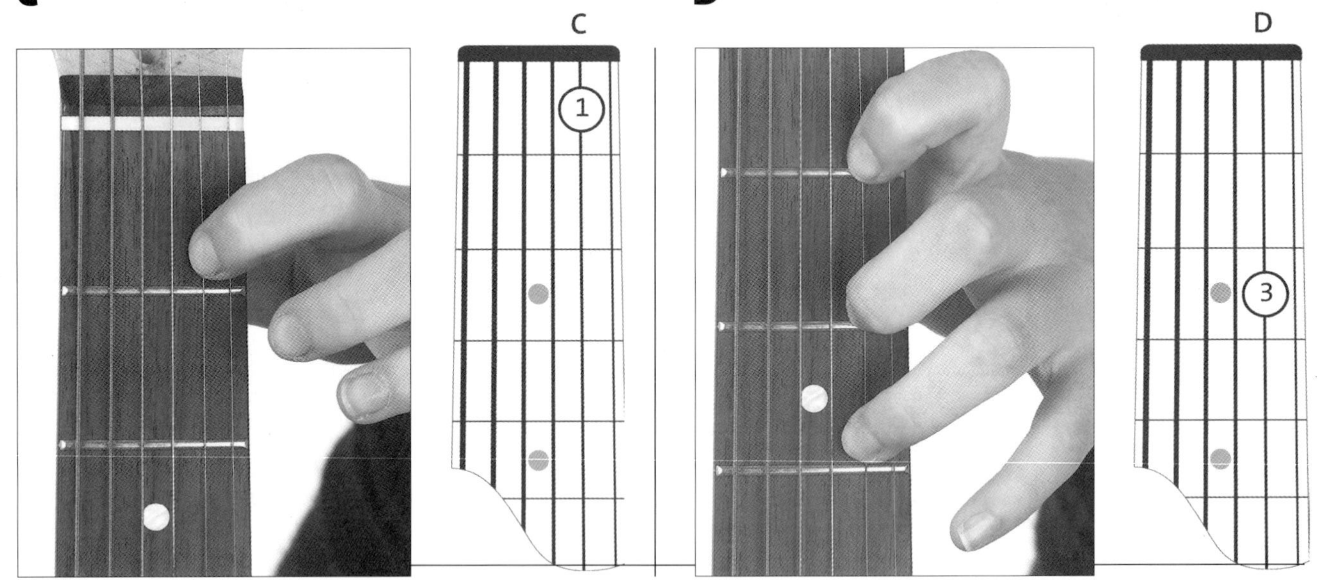

연습 1.

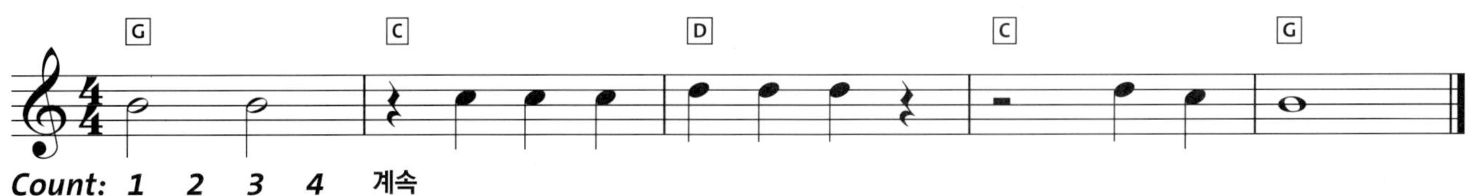

점2분음표

음표 옆에 점이 있으면 그 음표의 절반만큼 더 길게 연주합니다. $\quad \text{♩.} = \text{♩} + \text{♪}$

지금까지는 모든 악보가 $\frac{4}{4}$박자 곡이었습니다. $\frac{4}{4}$박자 곡에는 한 마디 안에 4박이 들어갑니다. 이번에는 한 마디 안에 3박이 들어가는 $\frac{3}{4}$박자를 익혀보세요. $\frac{3}{4}$박자에 익숙해지기 위해서 큰 소리로 박을 세며 연주하세요.

연습 2.

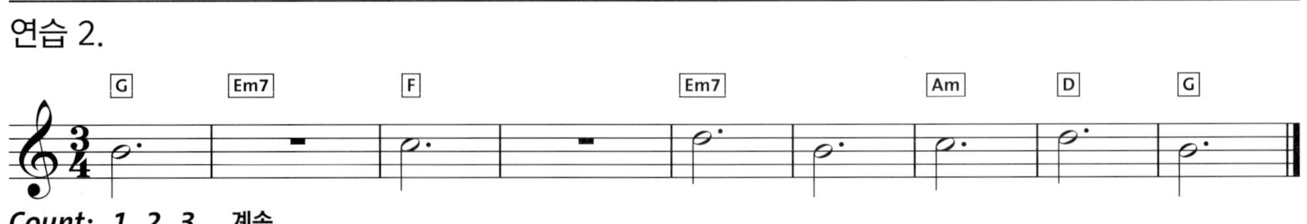

코드
D

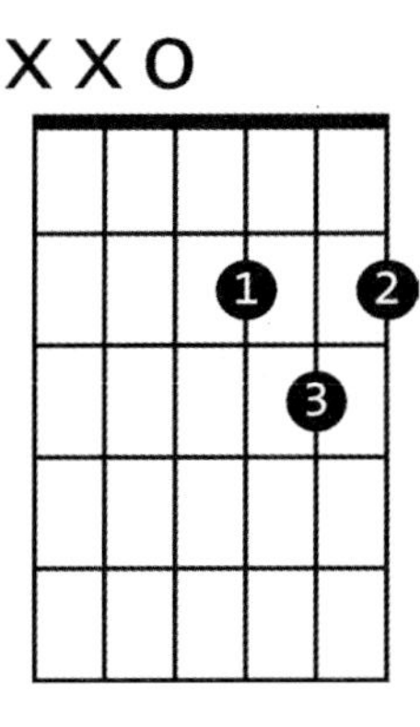

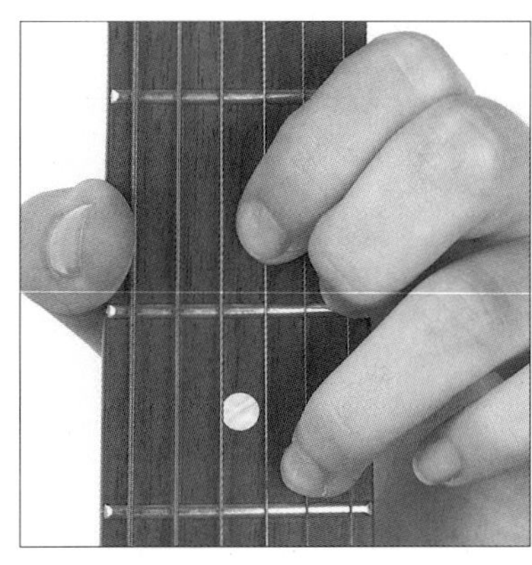

D 코드에서는 가장 낮은 두 줄을 사용하지 않습니다.
6번 줄은 A 코드처럼 엄지로 뮤트합니다.
하지만 5번 줄은 엄지로 뮤트하기 쉽지 않습니다.
연주할 때 5번 줄에 오른손이 닿지 않도록 조심하세요.

컨트리 스타일 스트러밍

연습 3.

코드의 가장 낮은 음을 근음(root)이라고 부릅니다. 코드 이름이 되는 음이 근음입니다.
예를 들어 D 코드에서는 D음이 근음입니다.
각 마디의 첫 박에 있는 근음을 다운 피킹 ⊓ 으로 연주하고, 나머지 음을 다운 스트러밍 ↯ 으로 2박과 3박에 연주하세요.
악보 아래의 ® 은 근음을 피킹으로 연주하라는 뜻입니다.

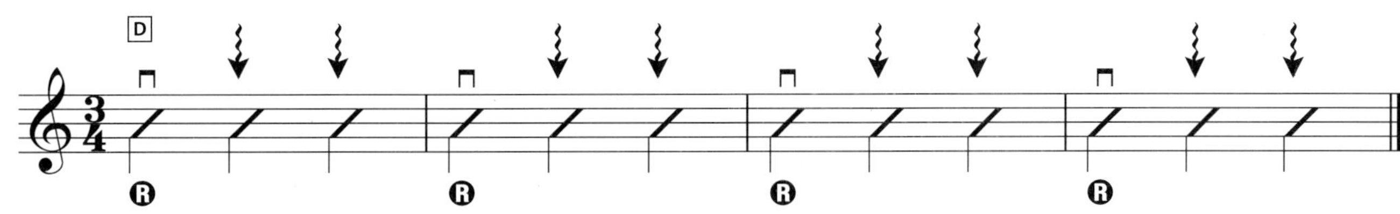

Tip
'쿵 – 작 – 작' 리듬을
떠올리며 연주해보세요.

연습 4.

코드를 바꿀 때마다 여유를 가지고 느리게 연주하세요. 잘 되면 조금씩 속도를 올리세요.

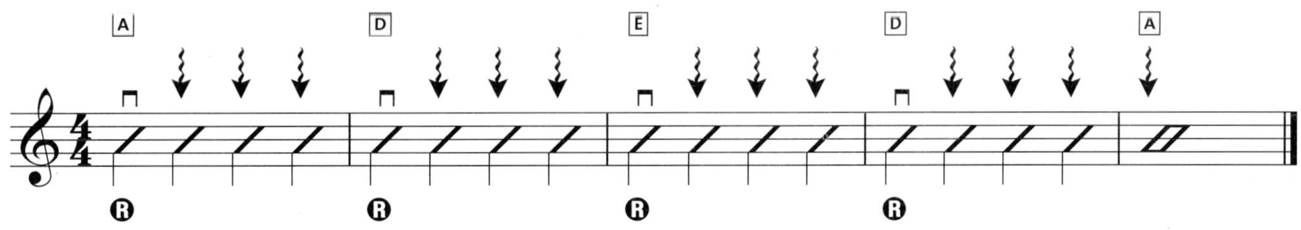

레슨 2를 위한 연주곡

Eliza's Eyes (엘리자의 눈)

Pete Kershaw

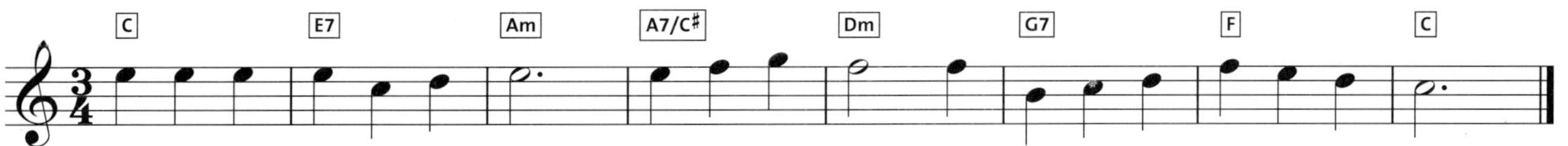

레슨 2를 위한 연주곡

16-17
Get The Groove (그루브를 타봐요)
Pete Kershaw
A E D A E D A
18-19
Oh When The Saints Go Marching In (성자의 행진)
외국 민요
C
G C
F C G C
20-21
Skip To My Lou (폴짝 뛰어 내 사랑에게)
외국 민요
C
G
C
G C
22-23
Lightly Row (나비야)
외국 민요
C G7 C C
G7 C G7
C C G7 C

goals:

1. 3번 현의 G음과 A음
2. 도돌이표
3. $\frac{2}{4}$박자

4. C 코드와 G 코드
5. 8분음표 스트러밍
6. 못갖춘마디

G현 (3번 현)

G

3번 현을 개방음으로 연주하면
G음입니다.

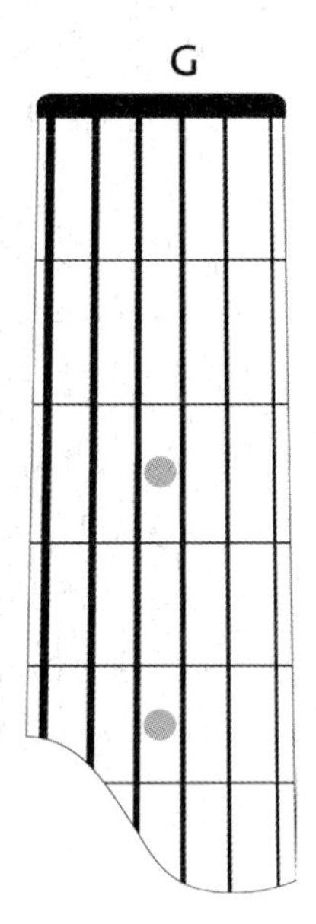

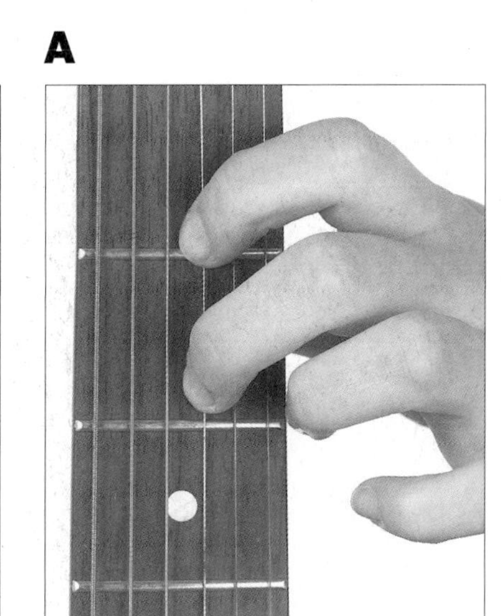

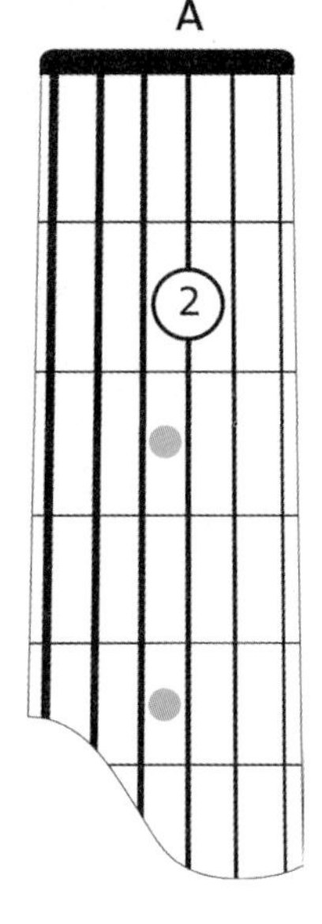

2번 손가락, 3번 현,
2프렛

Tip

G

3번 현, 개방음

A

2번 손가락, 3번 현,
2프렛

연습 1.

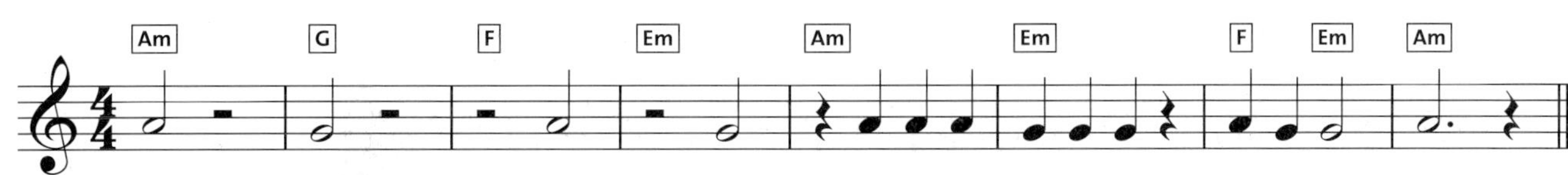

연습 2.

도돌이표는 보통 반복하는 부분의 앞과 뒤에 하나씩 있습니다. 도돌이표가 나오면 두 도돌이표 사이를 한 번 더 연주합니다.

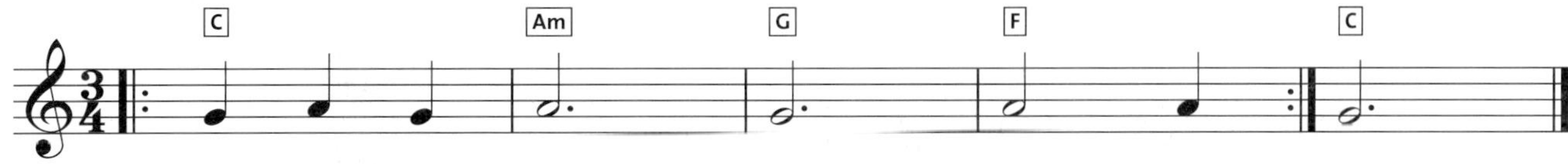

도돌이표가 끝에만 나오고
앞에는 없으면 맨 처음으로
놀아가서 반복합니다.

연습 3.

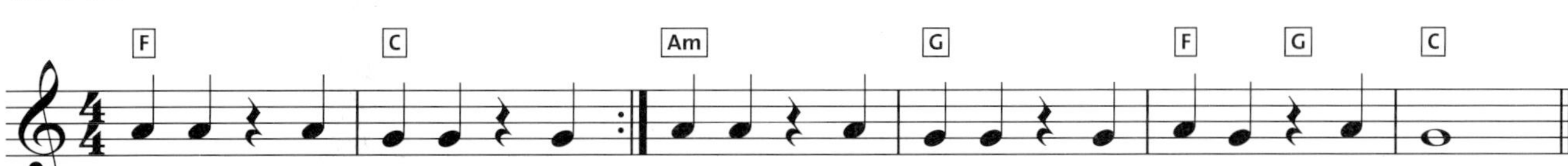

$\frac{2}{4}$박자

$\frac{2}{4}$ 박자도 자주 사용되는 박자 중 하나입니다. 큰 소리로 박을 세며 연습 4를 연주해보세요.

연습 4.

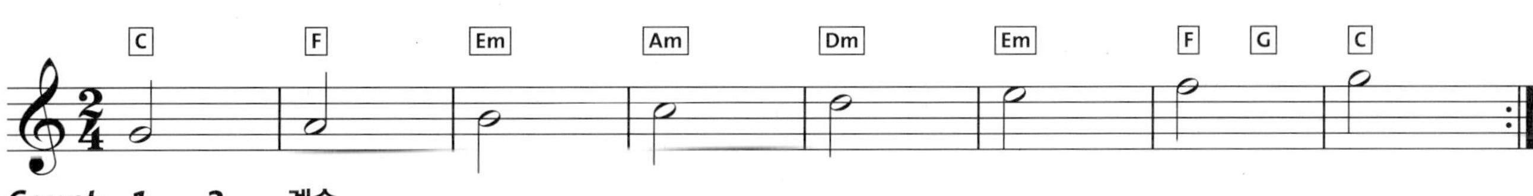

Count: 1 2 계속

코드

G

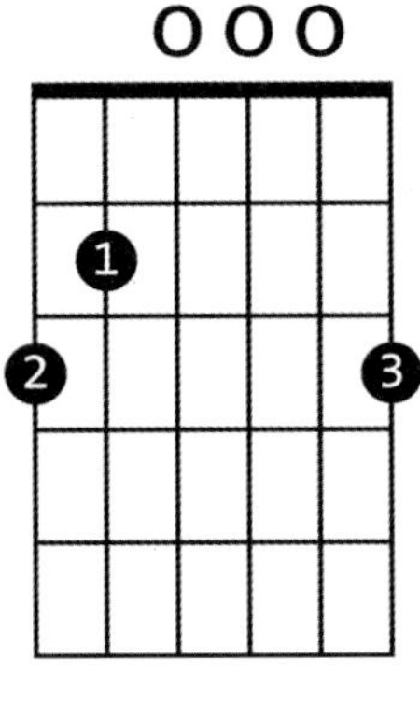

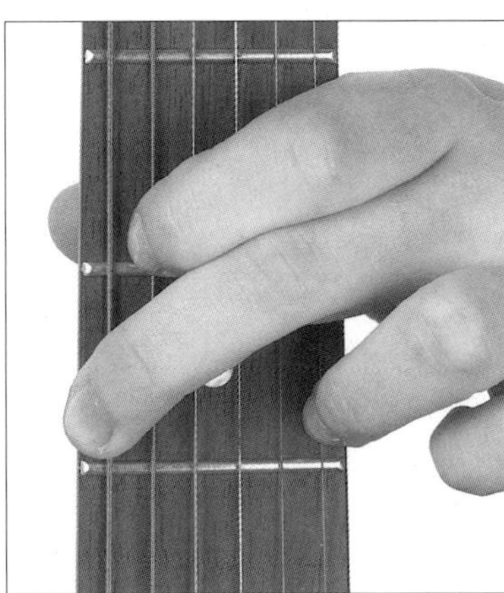

C

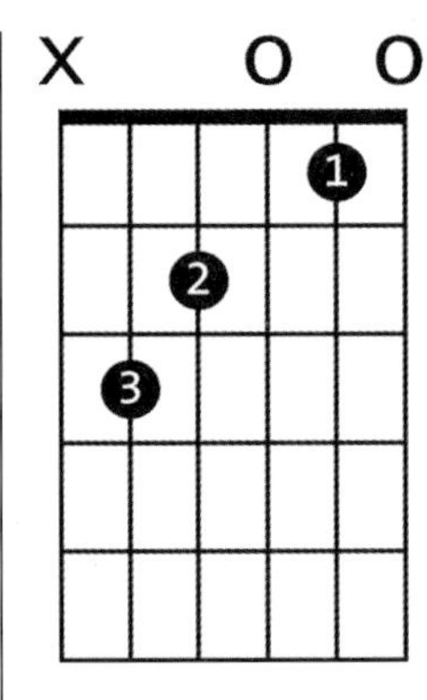

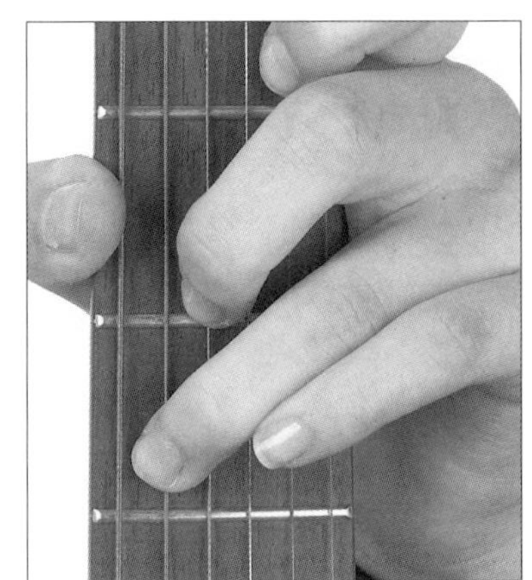

G 코드는 이렇게도 연주할 수 있습니다.

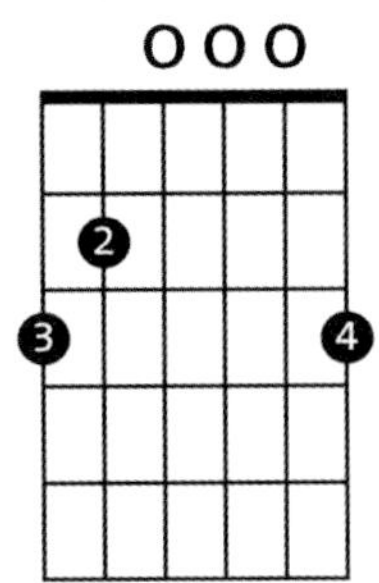

이 운지법을 더 많이 사용하기는 하지만 처음에는 어려울 수 있으니 기타에 익숙해진 다음에 시도해보세요.

앞에서 했던 것처럼 엄지로 6번 현을 뮤트하세요.
엄지가 6번 현에 잘 닿지 않으면, 스트러밍할 때 6번 현을 건드리지 않도록 조심하며 연주하세요.

연습 5.

천천히 연주하며 코드가 또렷한 소리가 나도록 하세요.

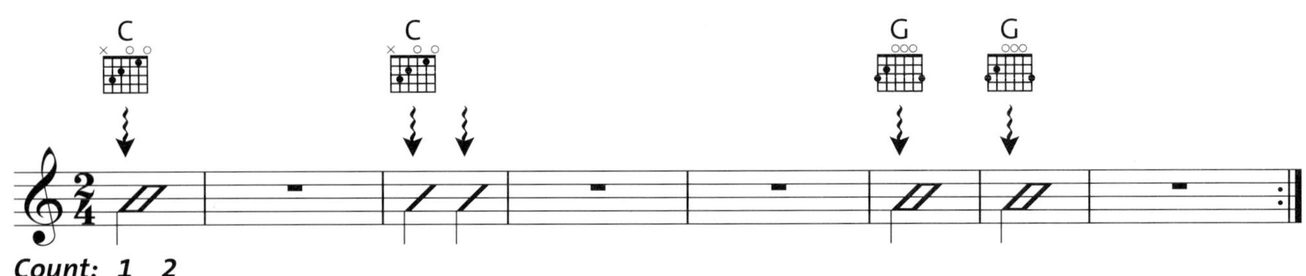

8분음표 스트러밍

8분음표는 반 박이고, 2개의 8분음표가 모이면 4분음표 1개(1박)와 같은 길이가 됩니다. 8분음표를 스트러밍할 때는 다운 스트러밍 과 업 스트러밍 을 번갈아 연주합니다. 다운 스트러밍의 방향을 바꿔 반대로 올라오는 것이 업 스트러밍입니다.

손에 불필요한 힘이 들어가지 않도록 긴장을 푸세요. 오른손이 너무 굳어있으면 연주 중에 피크가 줄에 걸릴 수 있습니다.

연습 6.

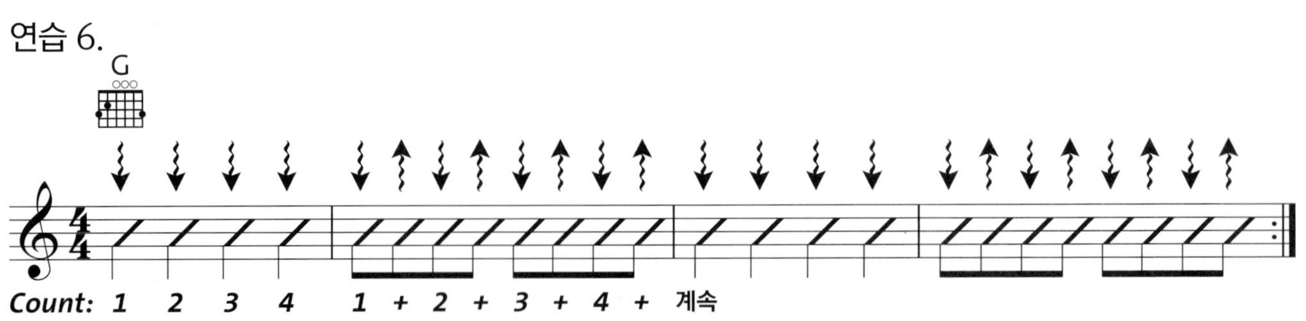

연습 7. Mojo (마력)

Pete Kershaw

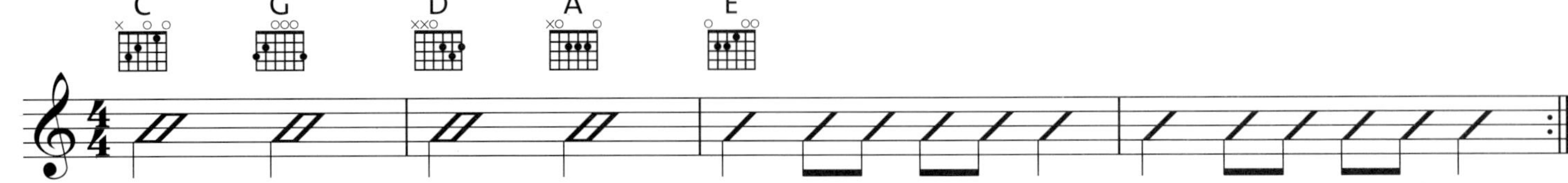

Red River Valley (홍하의 골짜기)

외국 민요

큰 소리로 박을 세며 깨끗한 소리로 연주해보세요. 먼저 1, 2를 세고, 3박에 연주를 시작합니다.
브릿지 픽업을 사용하세요.

26-27

위의 악보처럼 앞의 두 박 또는 세 박을 생략하고 짧은 마디로 시작하는 곡도 있습니다.
이런 짧은 마디를 못갖춘마디라고 합니다. 시작 부분에 짧은 마디가 나오면 곡의 끝에도 불완전한 마디가 나옵니다.
이 두 마디를 합하면 완전한 한 마디가 됩니다.

Blues for Mrs. V-K (V-K 부인을 위한 블루스)

Pete Kershaw

28-29
트랙28 : 반복 없음

* 디스토션을 조금 넣고 브릿지 픽업을 사용해 선율 (리드 기타)을 연주해보세요. 리듬 기타는 넥 픽업을 사용해 깔끔한
  소리로 연주하세요. CD를 틀고 한 번은 리드 기타 파트를, 반복할 때는 리듬 기타 파트를 연주해보세요.

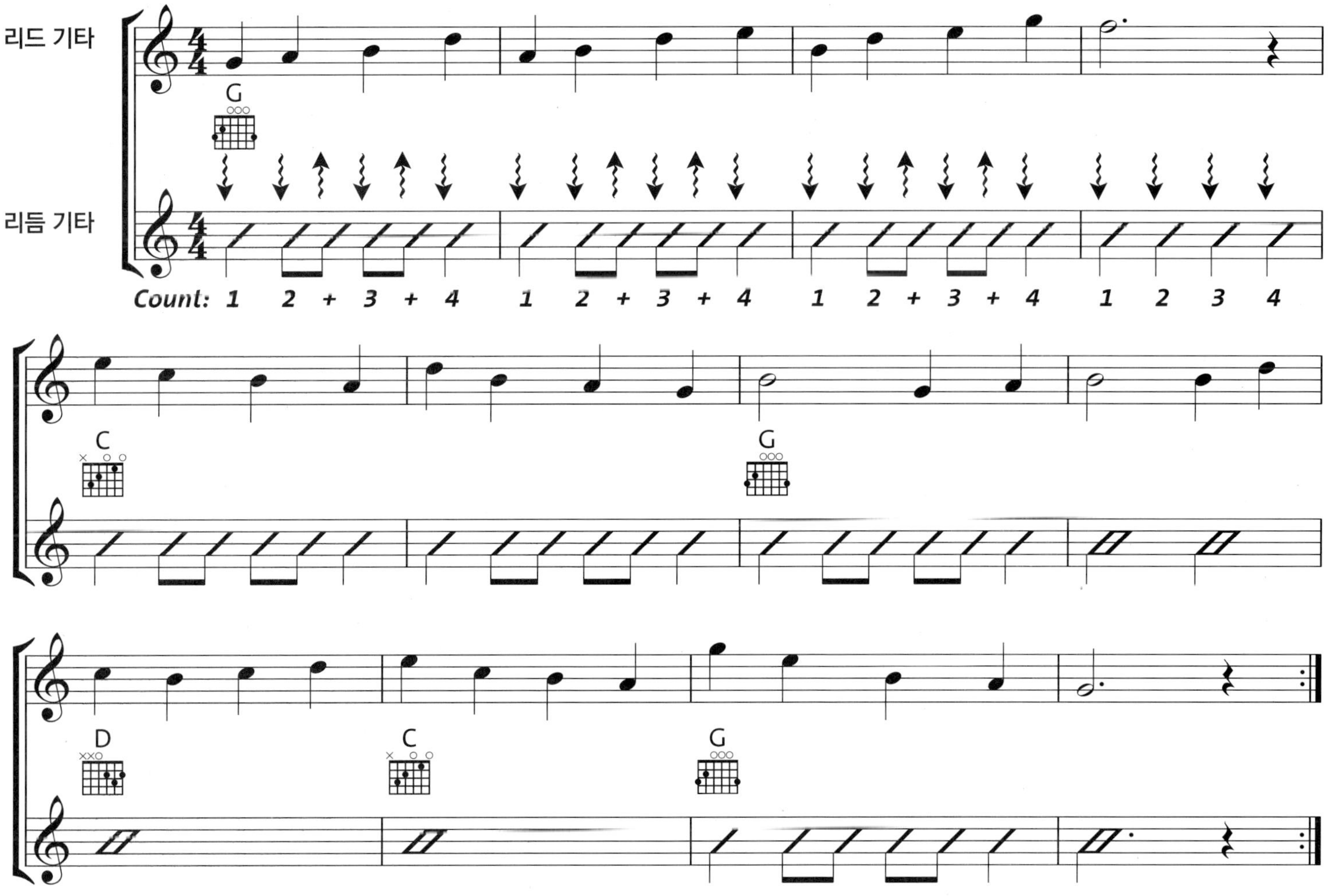

goals:

1. 4번 현의 D음, E음, F음
2. 붙임줄
3. 마이너 코드
4. 첫 번째 마침과 두 번째 마침
5. 펜타토닉 스케일

Tip ## D현 (4번 현)

D

4번 현, 개방음

2번 손가락, 4번 현, 2프렛

3번 손가락, 4번 현, 3프렛

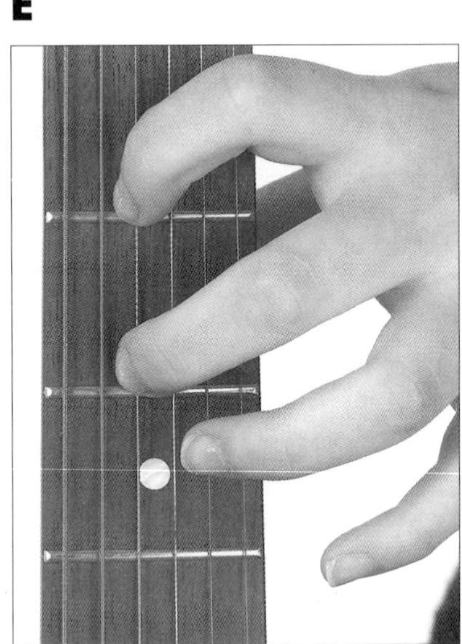
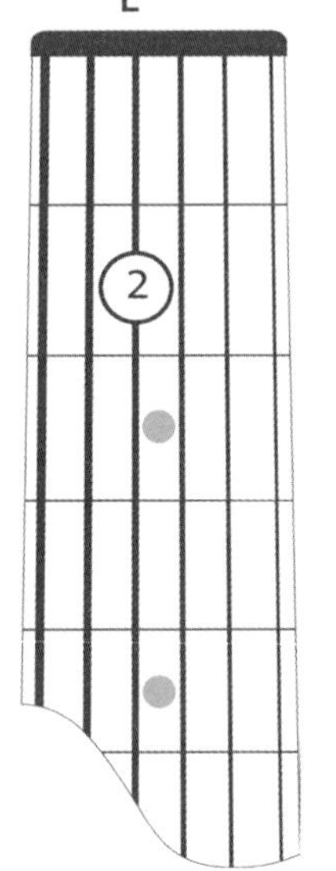

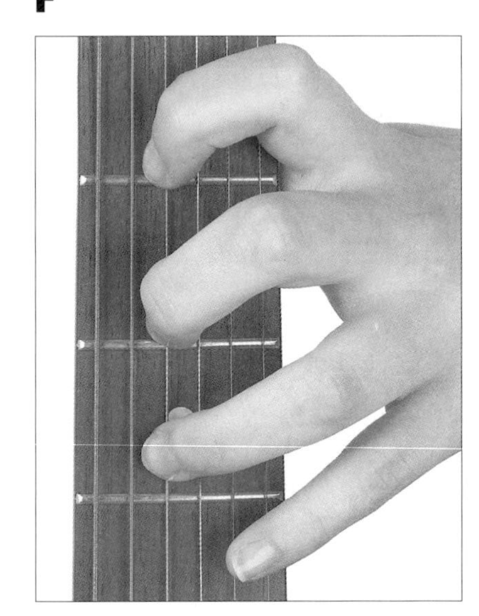
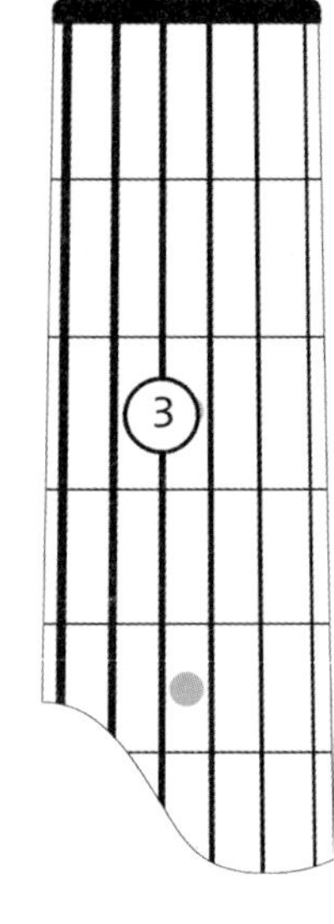

연습 1.

브릿지 픽업과 약간의
디스토션을 사용해
연주하세요.

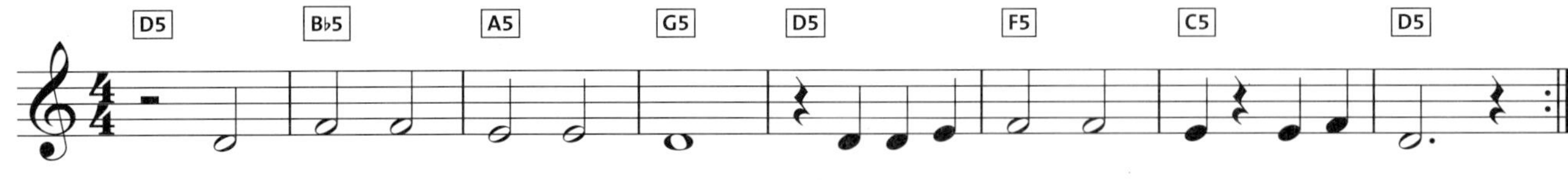

연습 2.

깨끗한 음색의
넥 픽업으로 연주하세요.

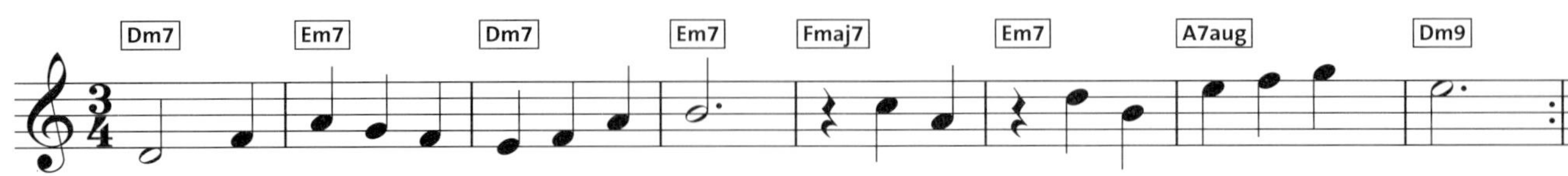

붙임줄

같은 음높이의 두 음표를 붙임줄로 연결하면 음의 길이가 길어집니다.
두 음표를 연결한 곡선이 붙임줄입니다. 붙임줄이 나오면
첫 음만 퉁기고 두 음을 합한 길이만큼 기다리세요. 두 번째 음은
퉁기지 않습니다. 붙임줄로 연결된 음을 연주할 때도 마디가 바뀌면
박을 다시 1부터 세야 합니다.

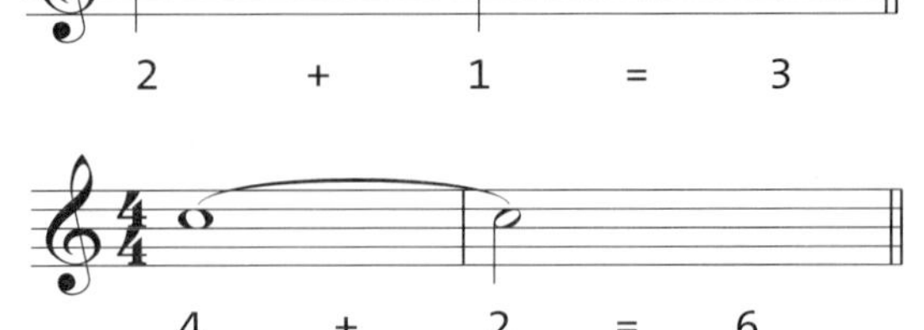

연습 3.

Count: **1 2 3   1 2 3   계속**

* 마이너 코드 (minor chord, 단화음)

Em (E 마이너)

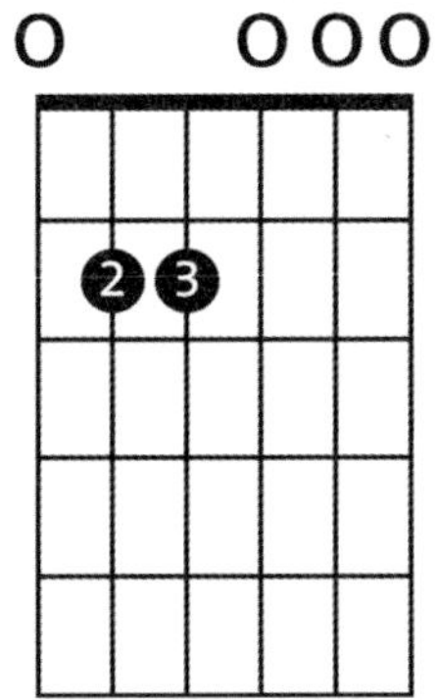
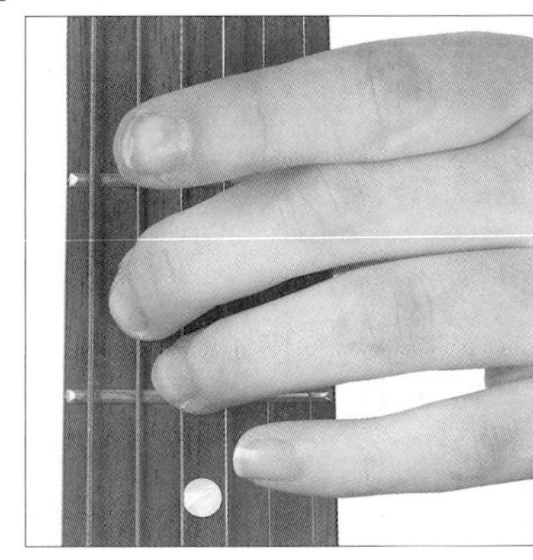

Am (A 마이너)

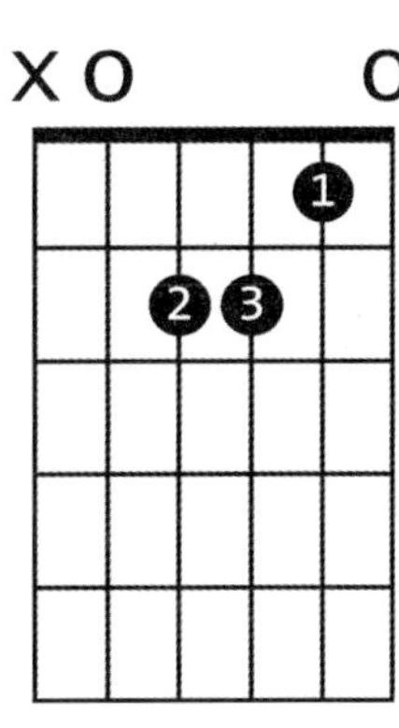
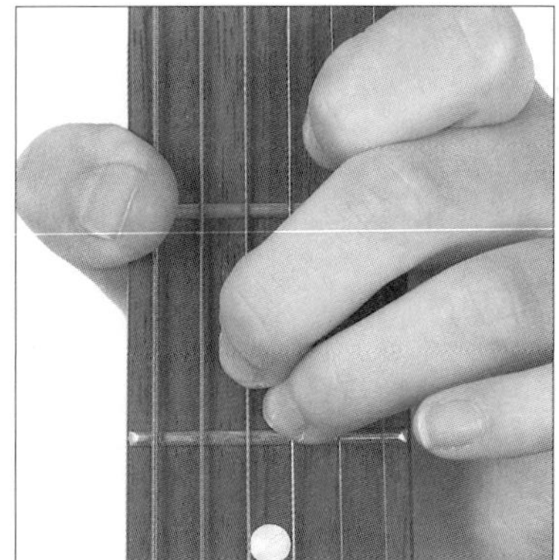

* 마이너 (minor):단조

Am 코드는 A 코드와
마찬가지로, 엄지로 6번
줄을 뮤트합니다.

악센트 (Accent)

리듬 기타에서는 2박과 4박을 더 세게 연주하는 테크닉을
자주 사용합니다. 어떤 음을 강조해 더 세게 연주하는
것을 악센트라고 하며, > 기호로 표시합니다.

Dm (D 마이너)

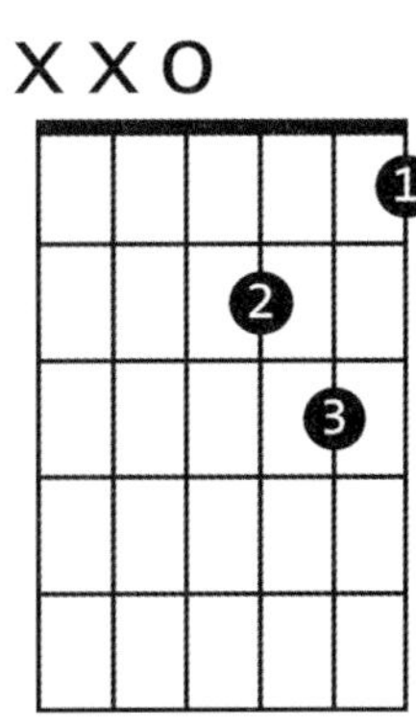
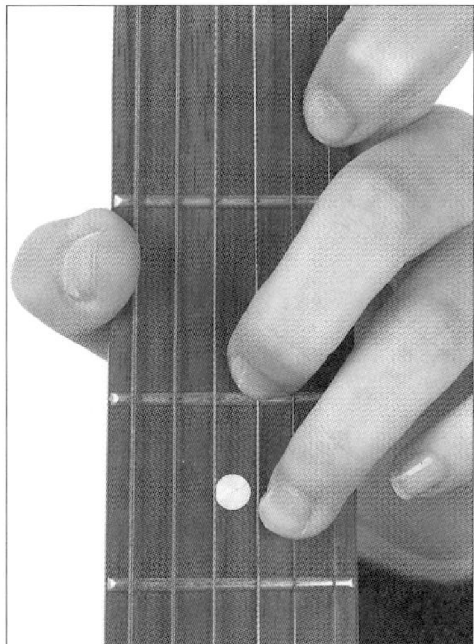

D 코드와 마찬가지로
엄지로 6번 현을
뮤트하세요. 5번 현은
뮤트하지 않습니다.
스트러밍을 하면서
5번 현에 닿지 않도록
주의하세요.

첫 번째 마침과 두 번째 마침

아래 악보의 마디 8을 보세요. 점이 두 개 있는 세로줄은 도돌이표입니다. 도돌이표까지 연주하고 처음으로 돌아가서
반복하세요. 반복할 때는 첫 번째 마침은 생략하고 두 번째 마침을 연주하세요.

Rhythm Guitar Study (리듬 기타 연습)

Pete Kershaw

천천히 연주하며 모든 코드가 깨끗하게 소리 나는지 확인하고, 익숙해지면 조금 더 빠르게 연주해보세요.
%. 기호는 바로 앞마디를 반복하라는 뜻입니다. %/. 기호는 앞의 두 마디를 반복하라는 뜻입니다.

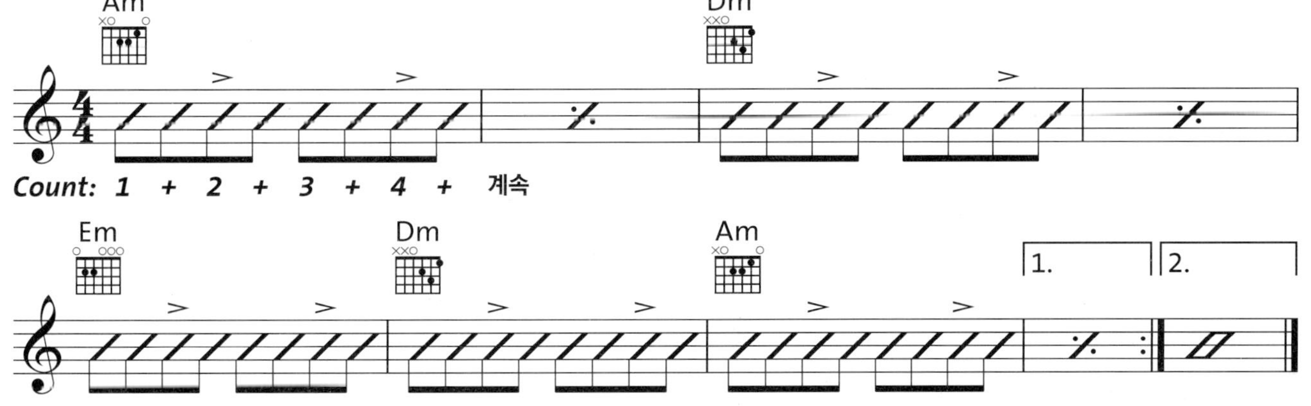

Lesson 4

펜타토닉 스케일 (Pentatonic Scale, 5음 음계)

스케일은 *음정이 일정한 순서로 배열되어 있는 것입니다. 펜타토닉 스케일은 ** 메이저나 마이너 스케일에서
5개의 음만 연주하는 것이며, 리드 기타 연주의 기본이 됩니다.

펜타토닉 스케일 중에서는 G와 Em 펜타토닉 스케일이 자주 사용됩니다.

* 음정: 두 음의 거리

** 메이저: 장조. 메이저 스케일에 대해서는 32쪽에 자세히 나와 있습니다.

G 메이저 펜타토닉 스케일

스케일을 배울 때는 코드도 함께 익히는
것이 중요합니다. 먼저 G 코드를
연주해보세요. 그런 다음 낮은 음부터
높은 음까지 한 음씩 천천히 스케일을
연주하세요. 피킹을 할 때는 다운 피킹과
업 피킹을 번갈아 합니다. (⊓ V ⊓ V)
마지막으로 다시 G 코드를 연주하세요.

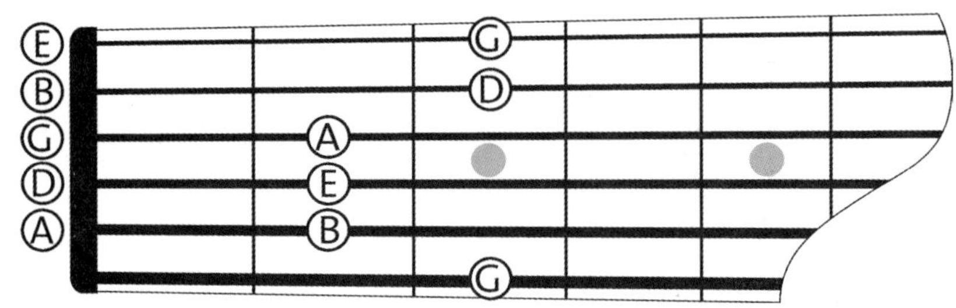

Tip

G 메이저 펜타토닉
스케일에는
G 코드의 음들이
사용됩니다.

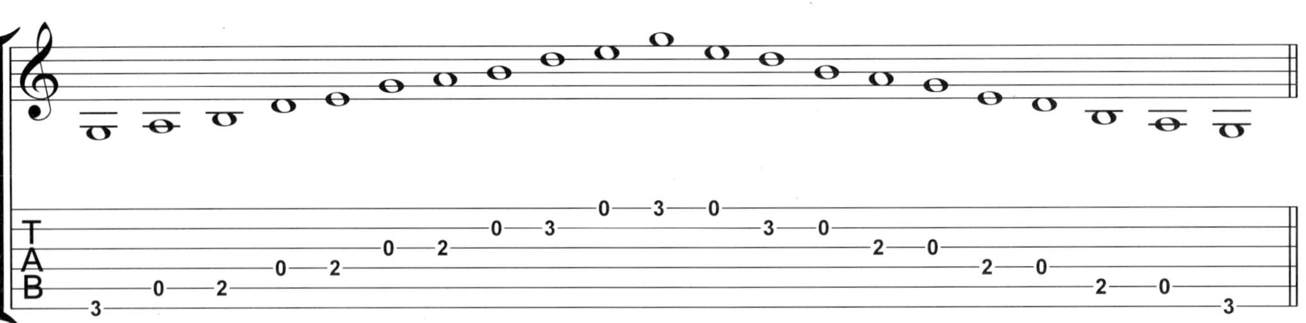

손에 익을 때까지 반복해서 연습하세요.

E 마이너 펜타토닉 스케일

이번에는 G 메이저 펜타토닉 스케일을
E음부터 연주해보세요. G 메이저와 E 마이너
스케일의 분위기가 다른 것이 느껴지나요?
이것이 E 마이너 (Em) 펜타토닉 스케일입니다.
Em 코드를 연주하고 Em 펜타토닉 스케일을
연주한 다음 다시 Em 코드를 연주하며
마무리하세요.

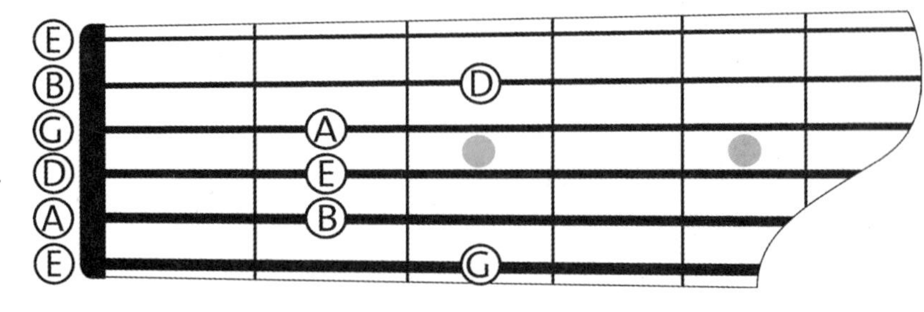

E 마이너 펜타토닉
스케일에는 Em 코드의
음들이 사용됩니다.

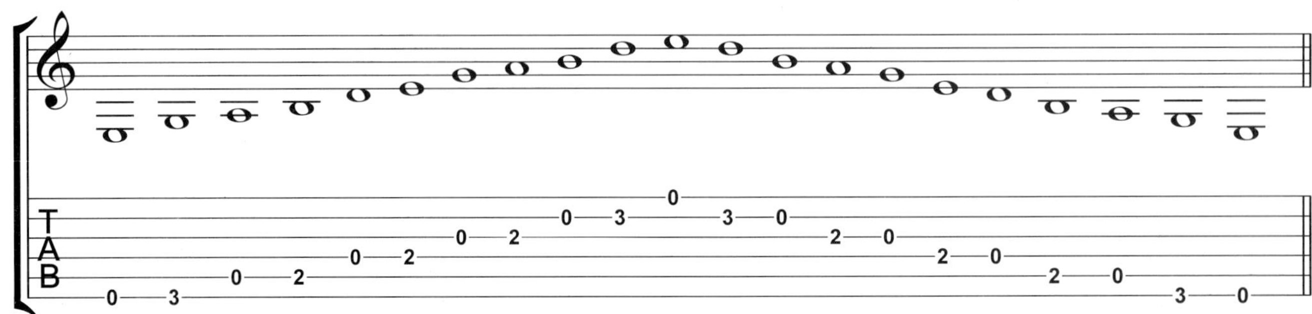

레슨 4를 위한 연주곡

Molly Malone (몰리 말론)

아일랜드 민요

부록 CD에 선율과 리듬 기타 파트가 모두 있는 경우, 한 번은 선율을, 그 다음에 반복할 때는 리듬 기타 파트를 연주하세요. 선율과 리듬 파트를 연주할 때 각각에 어울리도록 음량과 음색을 조절해보세요. 리드 기타와 리듬 기타 파트에 맞게 픽업 셀렉터를 조절하세요.

31-32
트랙31:반복 없음

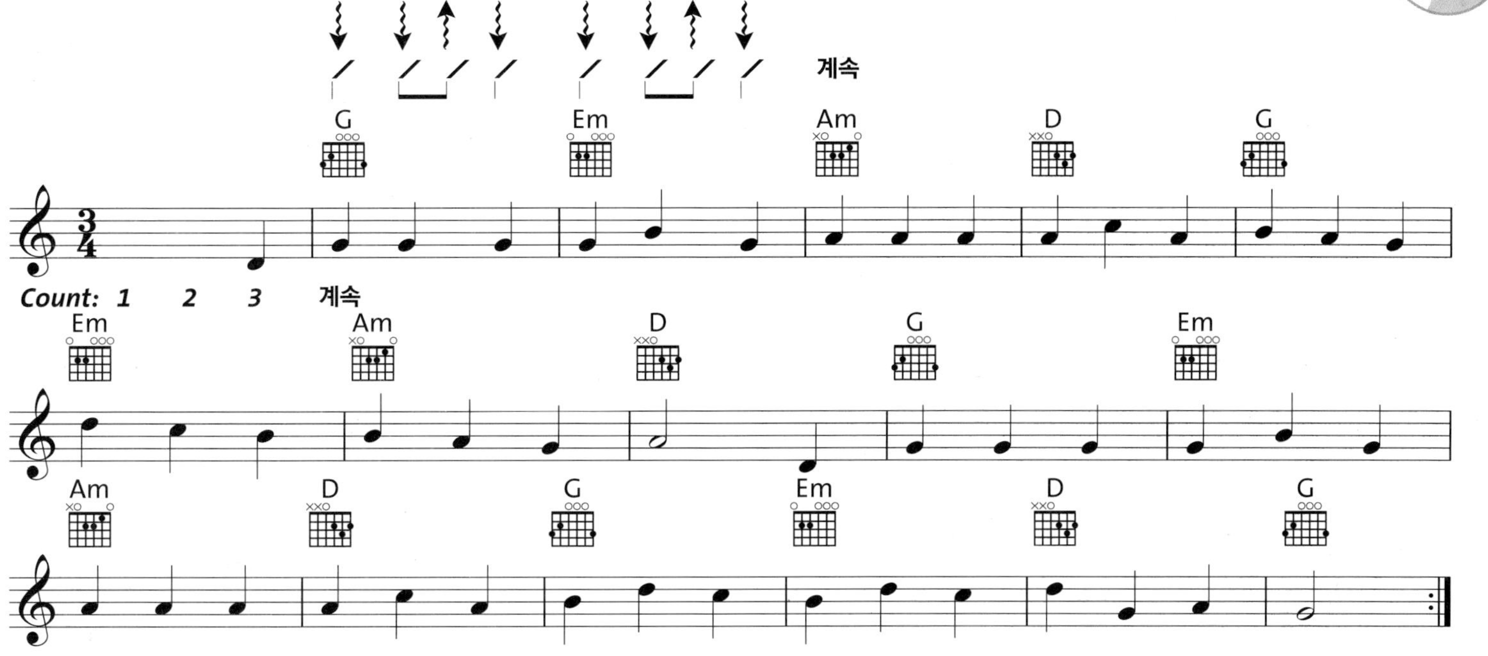

When Johnny Comes Marching Home (조니가 행진하며 집으로 돌아올 때) Lambert

33-34
트랙33:반복 없음

1. 5번 현의 A음, B음, C음
2. 코드의 구성 (3화음)
3. 서스 (Sus) 코드
4. 커먼타임 (𝄴)

Tip **A현 (5번 현)**

A

A

5번 현의 개방음입니다.

덧줄

오선보 밖의 음은 덧줄을 그려 표시합니다.

B

2번 손가락, 5번 현, 2프렛

C

3번 손가락, 5번 현, 3프렛

B

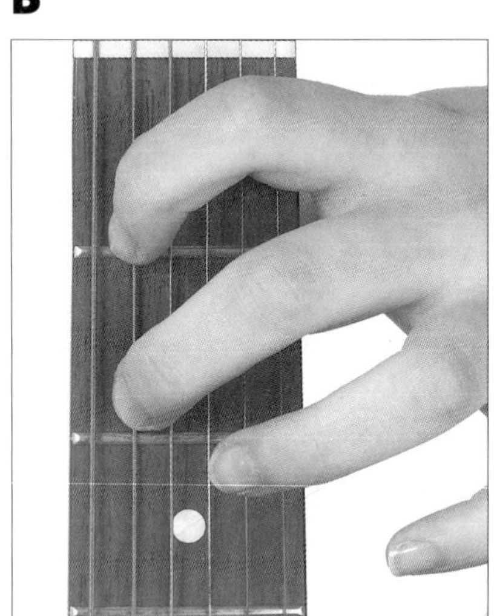

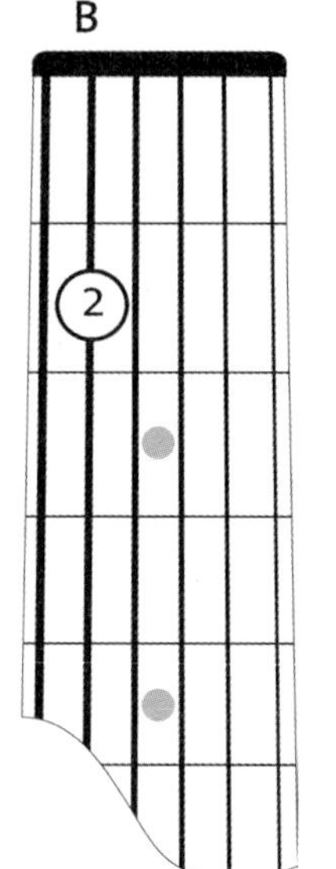

C

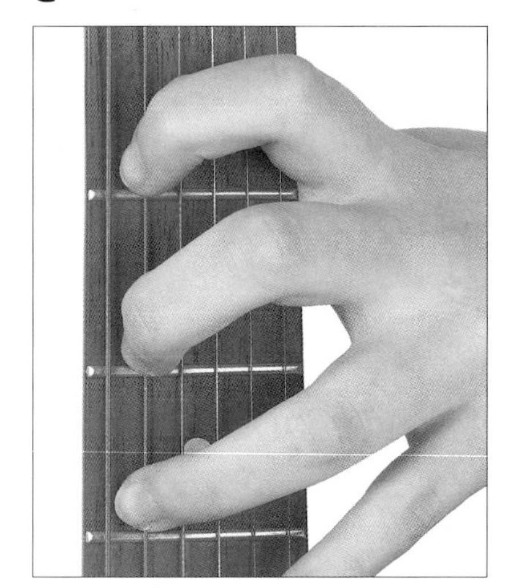

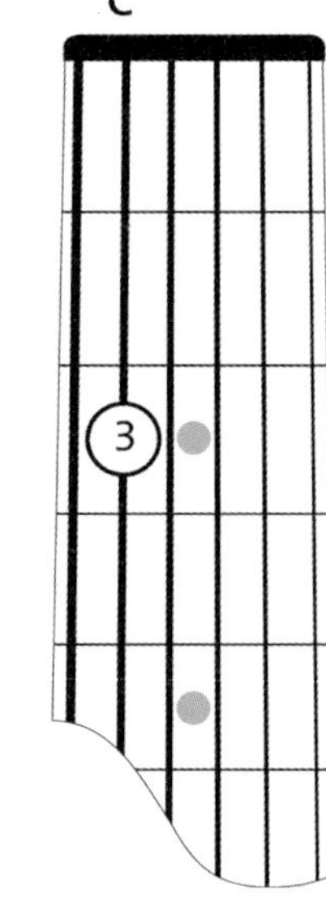

연습 1.

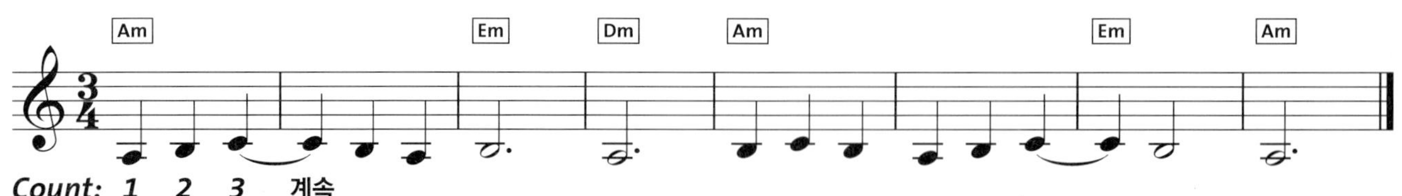

연습 2.

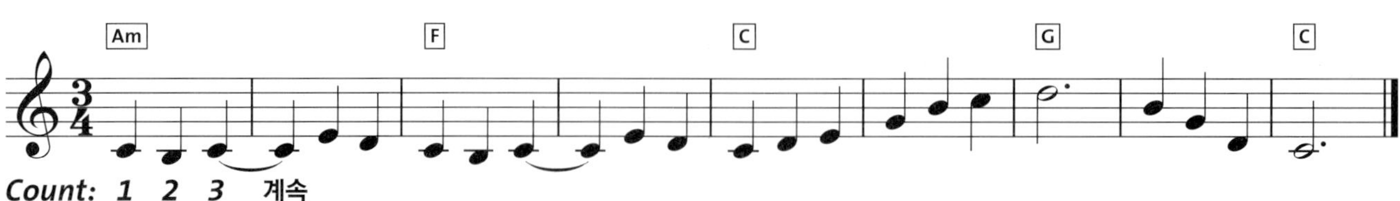

커먼타임 (Common time)

악보의 **𝄴** 기호는 커먼타임 기호입니다. 커먼타임은 $\frac{4}{4}$ 박자를 뜻합니다.

코드의 구성 (3화음)

메이저 코드나 마이너 코드는 기본적으로 스케일의 1, 3, 5번째 음으로 만듭니다(근음, 3음, 5음이라고도 부릅니다). 이 세 음으로 만든 코드를 3화음이라고 합니다.

메이저 코드 (장3화음)

마이너 코드 (단3화음)

Tip

코드가 항상 1, 3, 5번째 음 순서로 구성되어 있는 것은 아닙니다.

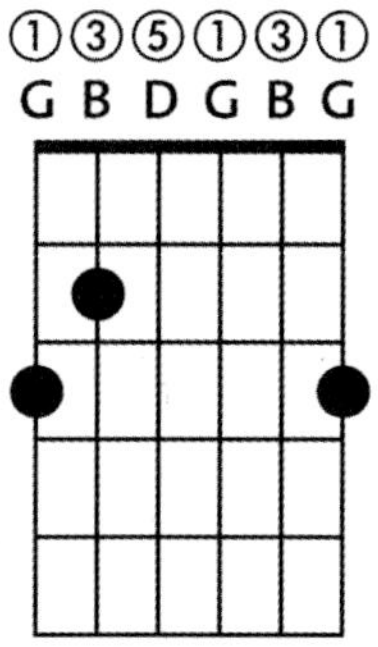

스케일에 대해서는 레슨 7에서 더 배우게 될 것입니다. 지금은 일단 메이저 코드와 마이너 코드의 패턴과 소리를 익히세요.

레슨 5를 위한 연주곡

Night Train To Moscow (모스크바로 향하는 밤기차)

Steve Kershaw

35-36

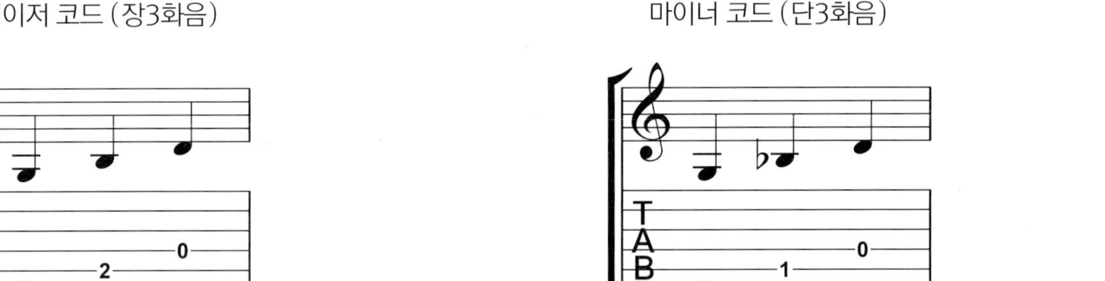

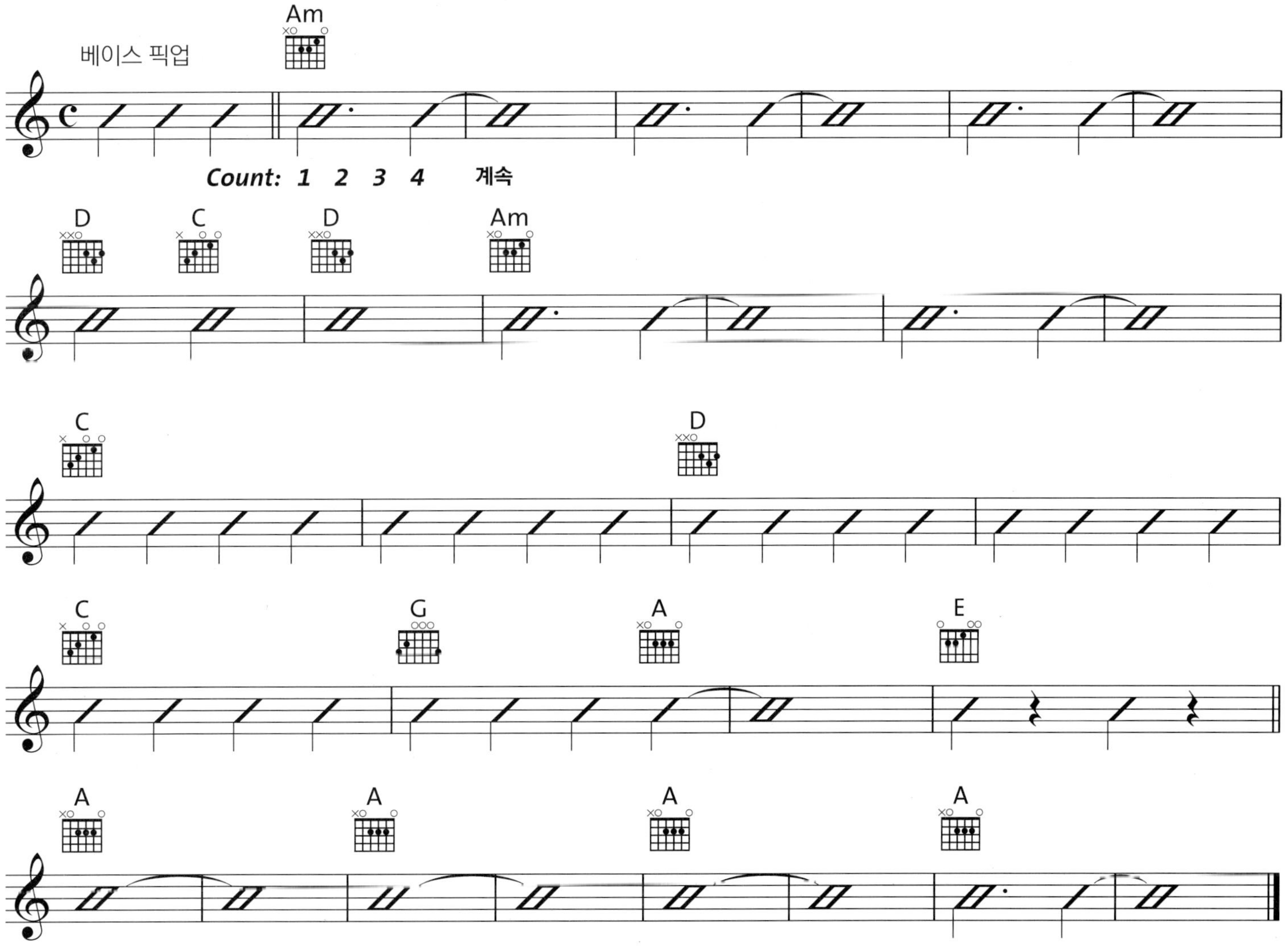

Lesson 5

서스 (Sus) 코드

코드를 장식해 흥미로운 효과를 내기 위해 자주 사용되는 방법이 두 가지 있습니다.

Sus2 : 3음을 2음으로 대체   Sus4 : 3음을 4음으로 대체

Tip

서스 (Sus)는 Suspended (연기하다) 의 줄임말입니다. 서스 코드는 스케일의 3음을 다른 음으로 대체하여 3음을 소리 내는 것을 잠시 미룹니다. 3음 대신 다른 음이 사용되면 긴장감이 생깁니다. 그 긴장은 그 다음에 일반적인 코드가 나오면 해결됩니다. 메이저, 마이너 코드와 함께 서스 코드 연습을 하세요.

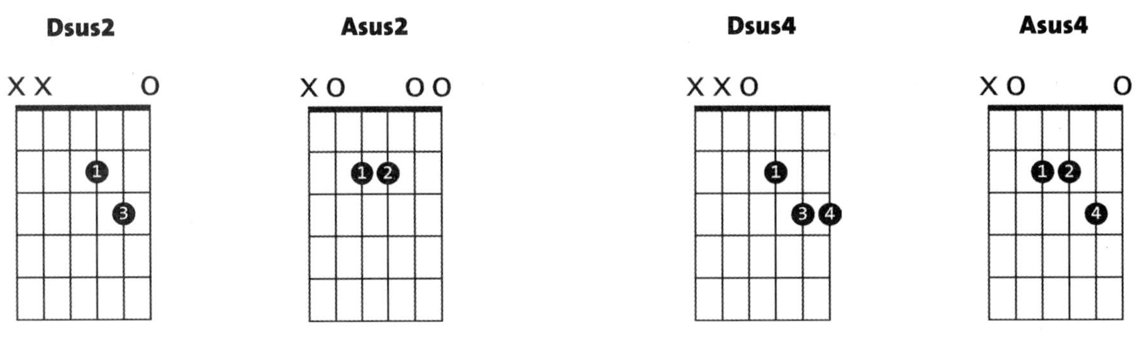

레슨 5를 위한 연주곡

Harem Dance (하렘의 춤곡)

37-38

Luigini

선율을 먼저 연주하고, 반복할 때는 리듬 기타를 연주하세요. 선율과 리듬 파트에 맞는 음량과 음색으로 연주하세요.

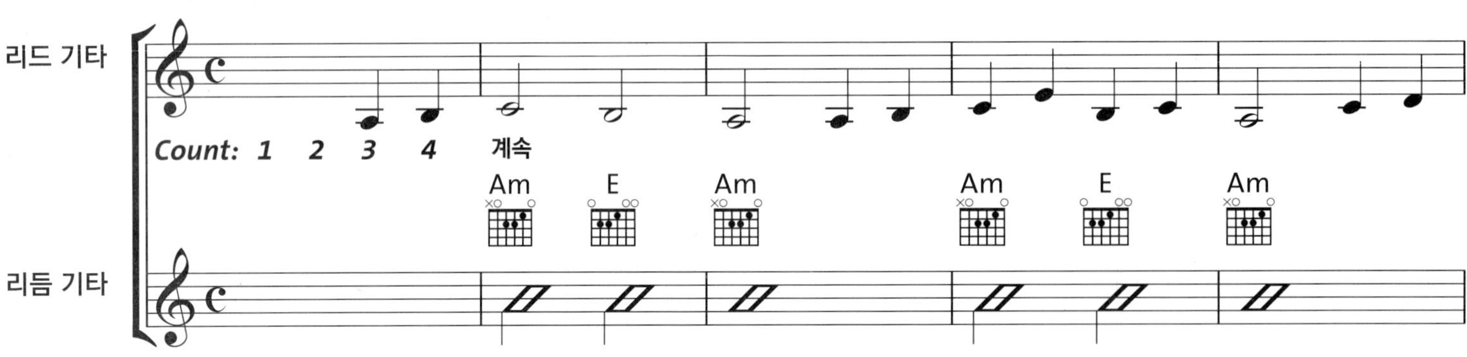

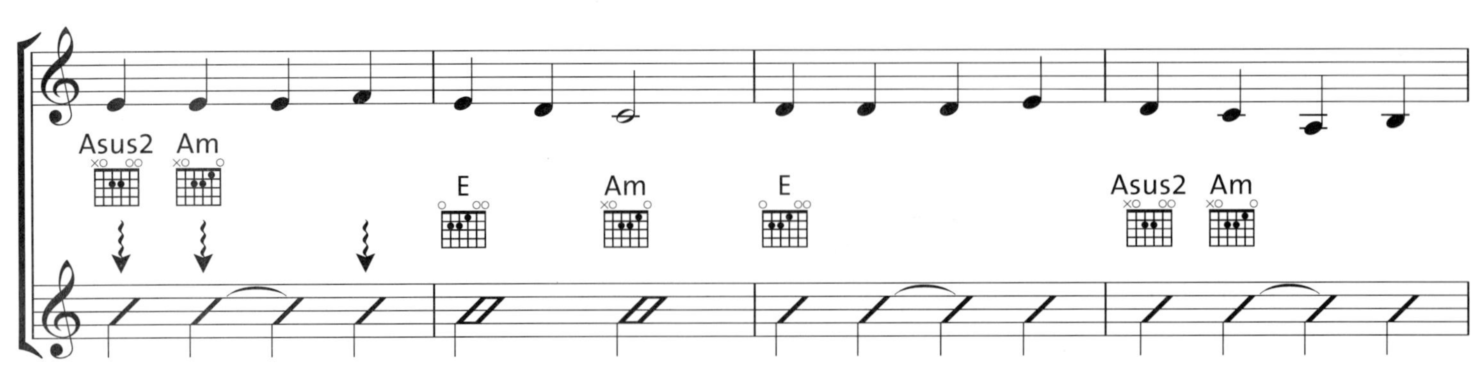

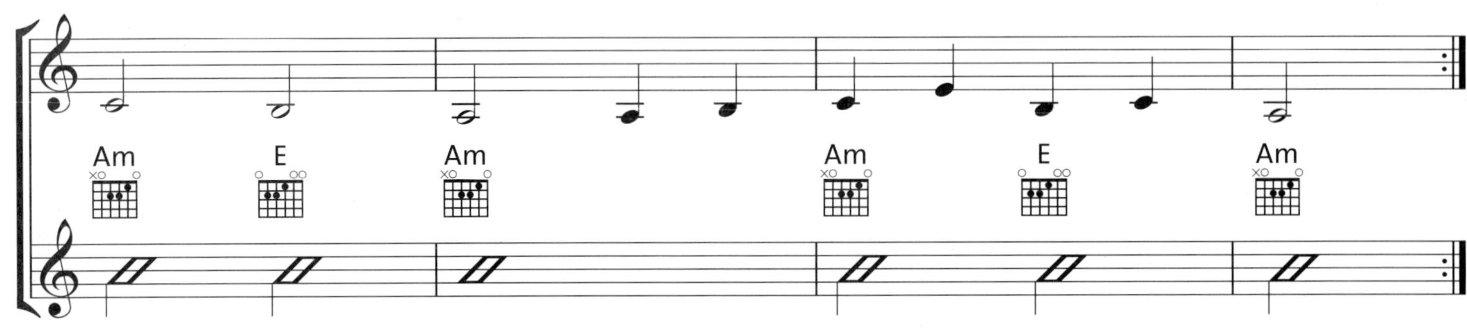

Lesson 1 ~ 5

1. 음표와 쉼표

다음 길이의 음표와 쉼표를 그려보세요.

1박   2박   3박   4박

(4)

2. 타브 악보

타브 악보를 보고 오선보에 알맞은 음을 그려보세요.

(4)

3. 코드

다음 음이 근음이 되도록 코드를 연주해보세요.
한음 한음 또렷하게 들리게 연주하세요.

C A G E D Am Em Dm

(8)

4. 옴이름

아래 악보는 영어 단어를 음표로 옮긴 것입니다. 음이름을 써보세요. 어떤 단어인가요?

(2)

5. 세로줄

박자표를 보고 알맞은 위치에 세로줄을 그리세요.

(7)

Total (25)

goals:

1. 6번 현의 E음, F음, G음
2. 8분음표 피킹하기
3. 점4분음표
4. 파워 코드
5. 팜 뮤팅
6. 샵 (Sharp)
7. D. S. al Fine (달 세뇨 알 피네)

Tip ## E현 (6번 현)

E

6번 현의 개방음입니다.

1번 손가락, 6번 현, 1프렛

3번 손가락, 6번 현, 3프렛

F

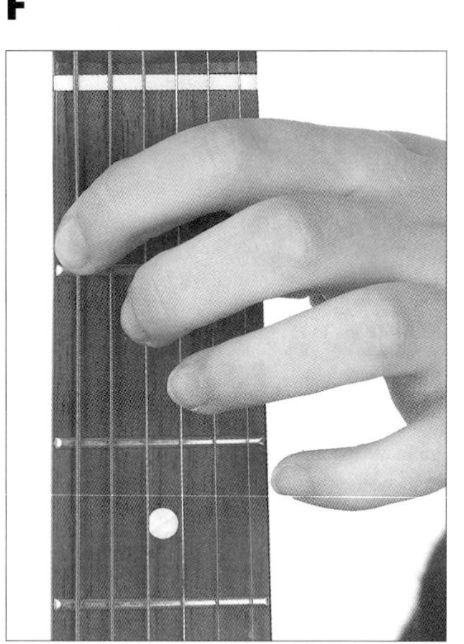

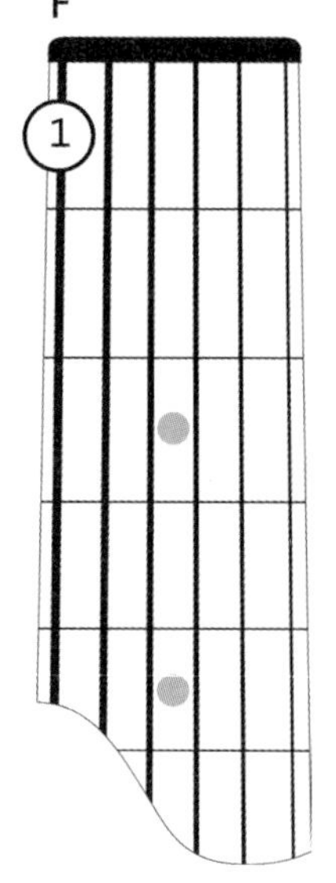

G

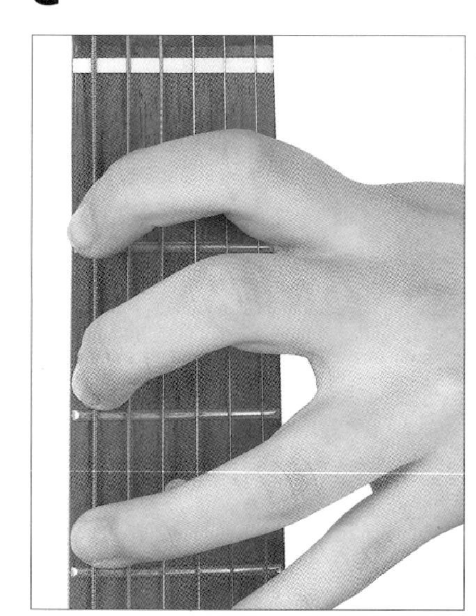

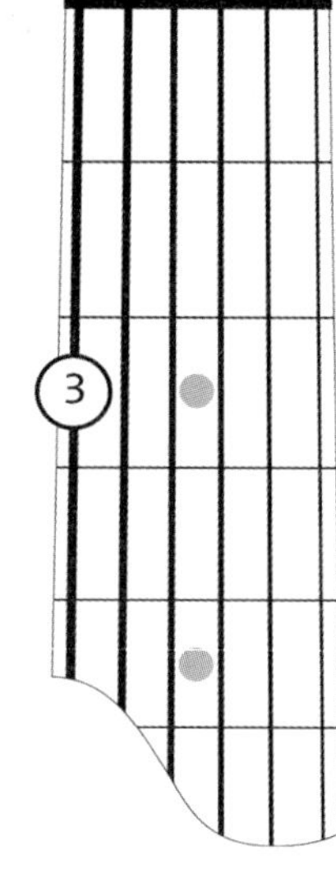

연습 1.

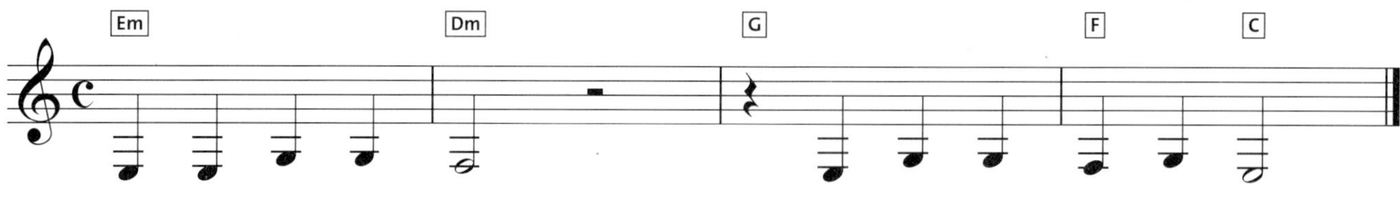

연습 2.

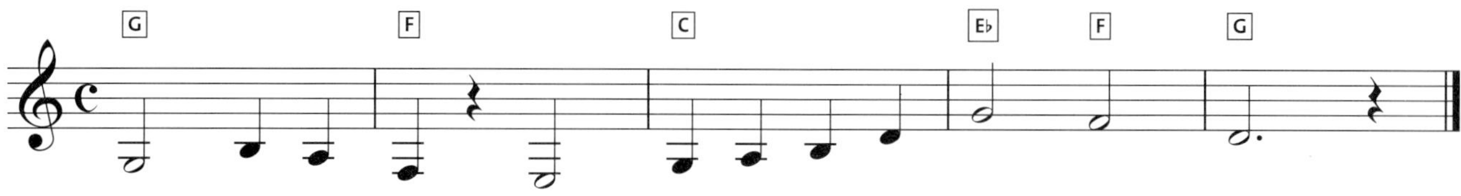

8분음표 피킹하기

8분음표는 4분음표의 절반 길이입니다.

8분음표와 8분쉼표   8분음표 2개 묶음 (1쌍이 1박)   8분음표 4개 묶음 (2박)

연습 3.

8분음표를 피킹 주법으로 연주할 때는 다운 스트로크와 업 스트로크를 번갈아 사용해 연주합니다.
큰 소리로 박을 세며 다음 악보를 연습해보세요.

연습 3.

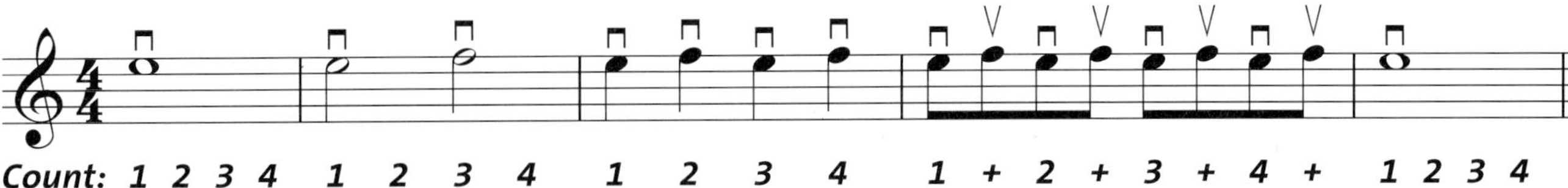

연습 4.

점4분음표

4분음표 옆에 점이 있으면 4분음표의 절반인 8분음표 하나 만큼의 길이가 더해집니다.
4분음표는 8분음표 2개와 같으므로, 점4분음표는 8분음표 3개와 같습니다.

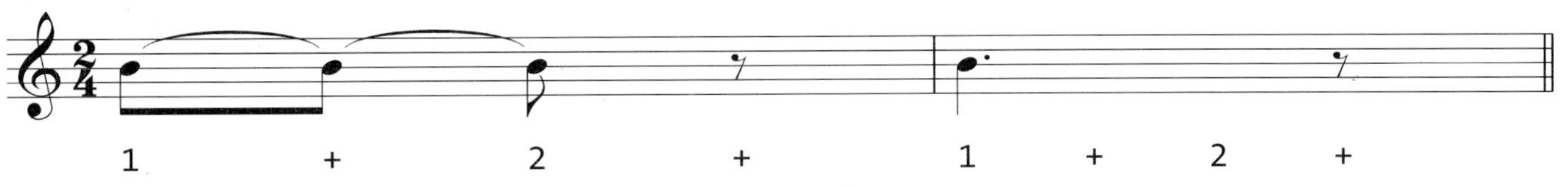

연습 5.

정박에서는 다운 스트로크를 하고 '+(and)' 부분은 업 스트로크로 연주하세요.

파워 코드 (Power chord)

레슨 5에서는 3화음을 배웠습니다. 3화음에서 3음을 생략하면 근음과 5음이 남습니다. 이렇게 근음과 5음만 연주하는 코드를 파워 코드라고 하며, 일렉 기타 연주에서 아주 중요합니다. **C5**, **G5**, **A5** 등으로 표기합니다.

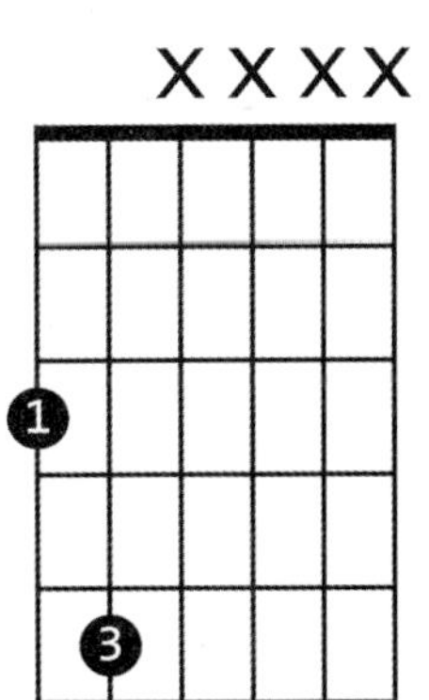

손의 모양을 그림과
같이 유지한 채로
넥의 위아래로 손을
이동시켜보세요.

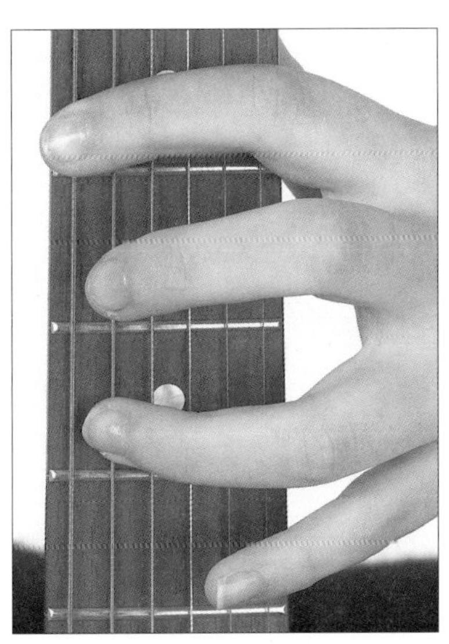

G5

1번 손가락으로 6번 현, 3프렛을 짚은 채로 나머지 현에 손가락을 살짝 댑니다 (원치 않는 줄들을 뮤트할 수 있습니다). 3번 손가락은 5번 현, 5프렛을 짚습니다.

G5코드의 근음은 G음입니다. 6번 현의 모든 음을 익히면, 이 운지법으로 12개의 음으로 시작하는 12개의 파워 코드를 모두 연주할 수 있게 됩니다.

6번 현 익히기

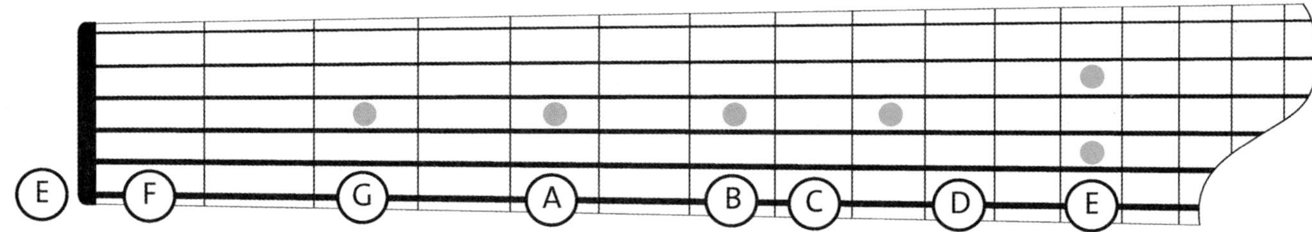

E 개방음부터 12프렛까지 그림의 모든 음을 연주해보세요. 연주하면서 큰 소리로 음이름을 말해보세요.
모든 음의 위치에 익숙해질 때까지 반복하세요.

이제 그림을 보지 말고 12프렛부터 E 개방음까지 내려오며 연주하세요. 익숙해질 때까지 반복하세요.

팜 뮤팅 (Palm muting)

왼손으로 G5 코드를 잡아보세요. 오른손 손바닥의 바깥
부분을 브릿지 위에 대고 다운 스트로크를 몇 번 해보세요.

손바닥이 넥 쪽으로 너무 들어가 있으면 소리가 전혀 나지
않을 것입니다. 브릿지쪽으로 너무 빠져있으면 팜 뮤팅의
효과가 전혀 들리지 않을 것입니다. 음악적이면서도
타악기적인 음색을 내는 위치를 찾아보세요.
팜 뮤팅은 브릿지 뮤팅이라고도 합니다.

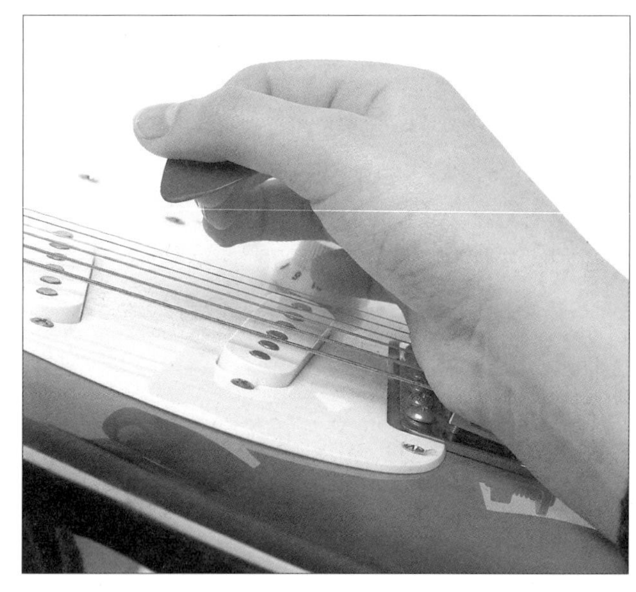

39

연습 6.

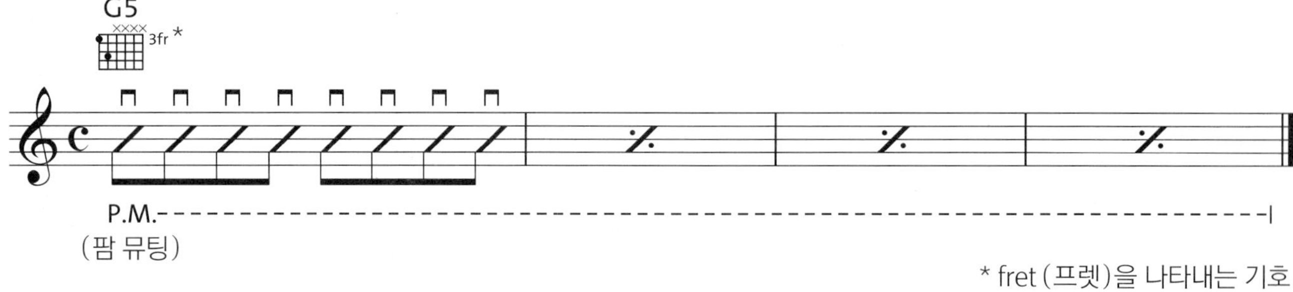

* fret (프렛)을 나타내는 기호

샵 (Sharp)

샵 (♯)은 음을 반음 (한 프렛) 올려줍니다.
C♯음과 F♯음의 위치를 확인한 뒤에 연습 7을 연주하세요.

연습 7.

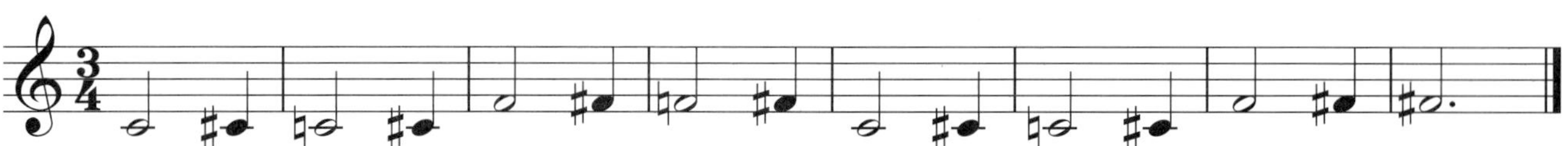

레슨 6을 위한 연주곡

The Star Spangled Banner (미국 국가 《성조기여 영원하라》)  J. Stafford Smith

피킹의 방향에 주의하며 연주하세요.

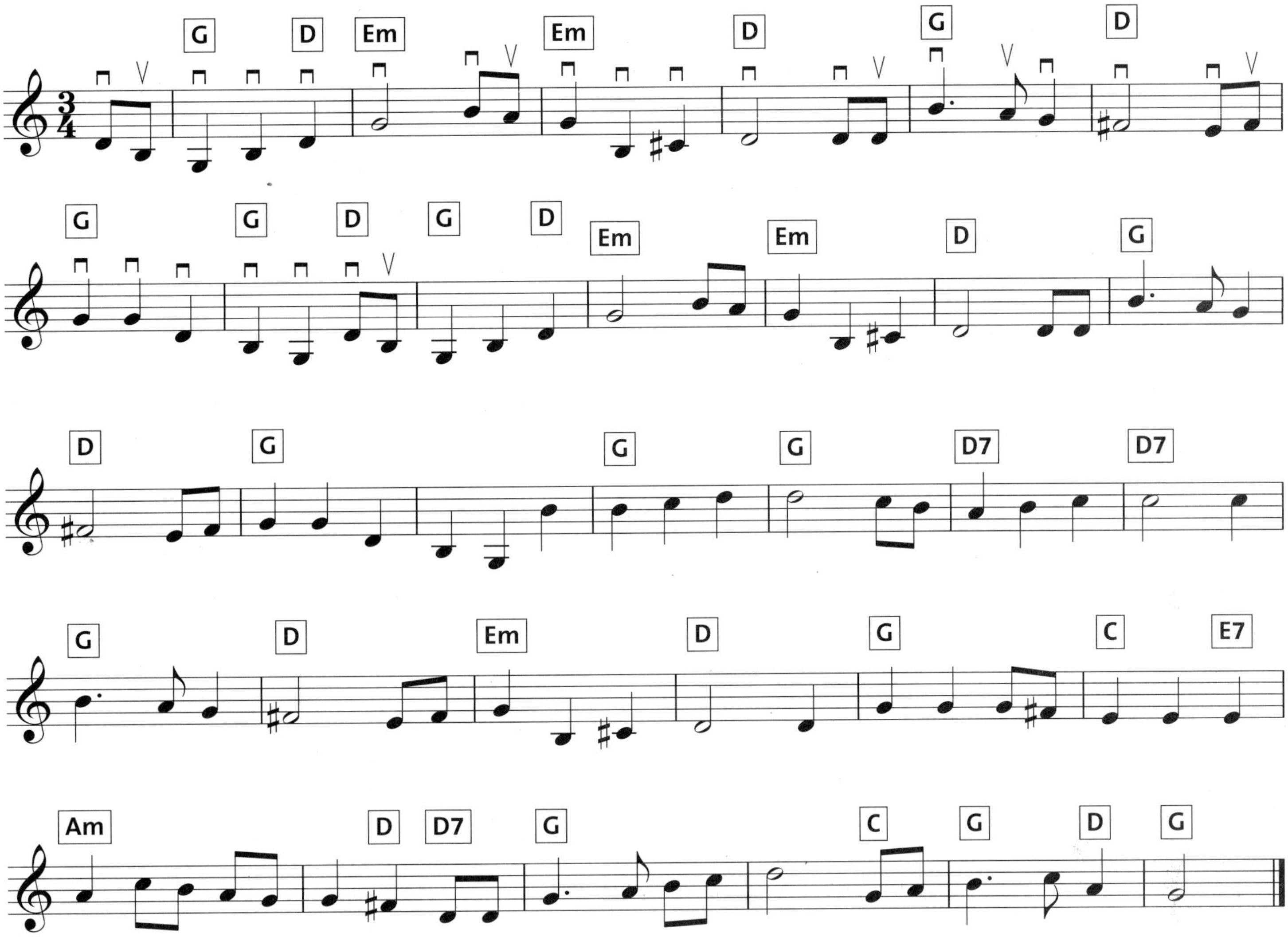

D.S. al Fine (달 세뇨 알 피네)

D.S.는 '기호에서부터'를 뜻하는 이탈리아어 dal segno (달 세뇨)의 줄임말입니다. al Fine는 'Fine까지'라는 뜻입니다.
악보에서 D.S. al Fine가 나오면, 𝄋 기호가 있는 곳으로 돌아가서 Fine라고 표시된 곳까지 연주합니다.

Rhythm Guitar Study (리듬 기타 연습) Pete Kershaw

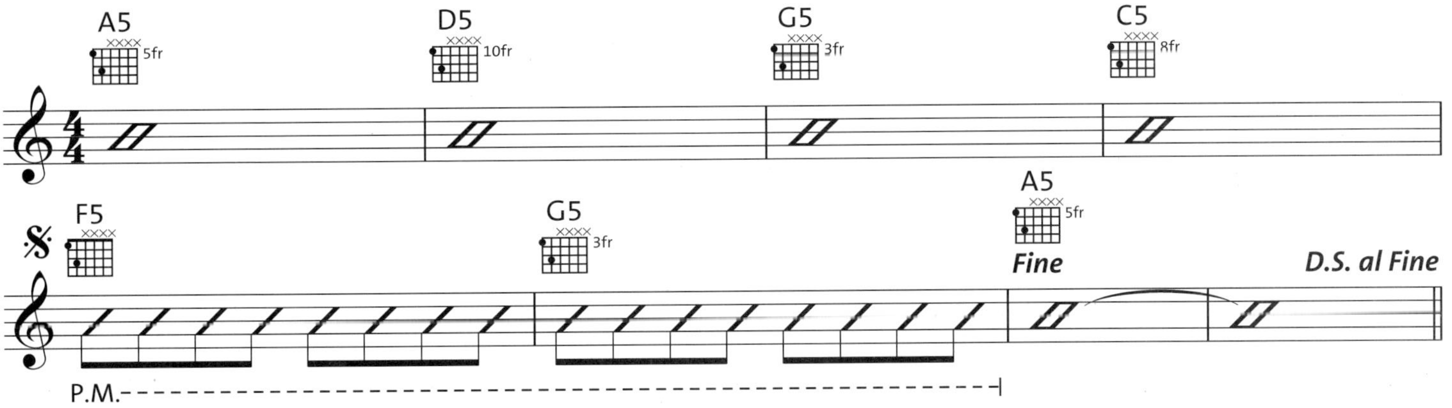

goals:

1. 1번 현의 높은 A음
2. 온음과 반음
3. 메이저 스케일

4. F 코드
5. 셈여림표
6. D. C. al Fine (다 카포 알 피네)

(Tip) ## 높은 A음

4번 손가락, 1번 현, 5프렛

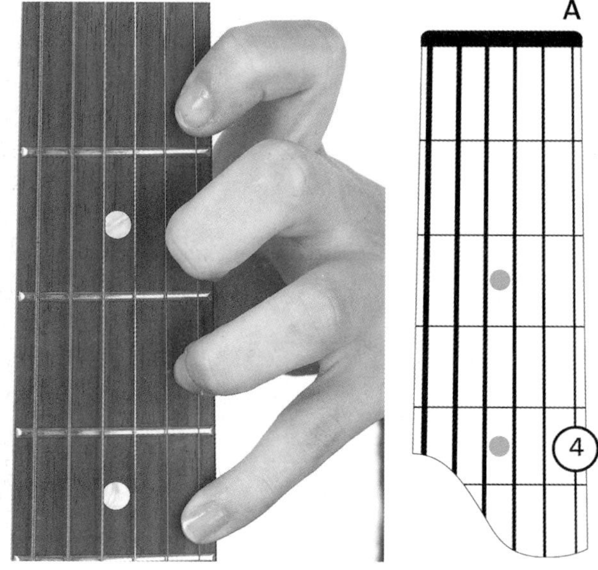

높은 A음은 악보 위에 덧줄을 하나 그리고 그 덧줄 위에
그리는 음입니다.

높은 A음을 연주하기 위해서는 손가락을 멀리 뻗어야 합니다.
새끼손가락을 5프렛까지 뻗어보세요. 이때 다른 손가락들을
1~3프렛에 고정하기 힘들 것입니다. 그럴더라도 손가락들을
줄 위에 항상 두세요.

연습 1.

온음과 반음

두 음의 거리를 음정이라고 부릅니다. 가장 작은 음정은 반음입니다. 기타에서는 이웃한 두 프렛 사이의 거리가 반음입니다.
반음이 두 개 모이면 온음이 됩니다. 두 프렛 떨어진 음이 온음입니다.

메이저 스케일 (Major Scale, 장음계)

반음과 온음을 일정한 패턴으로 배열하면 메이저 스케일 (장조의 음계)가 됩니다.
메이저 스케일에서는 3음과 4음, 7음과 8음 사이가 반음이고 나머지 음들 사이의 거리는 온음입니다.

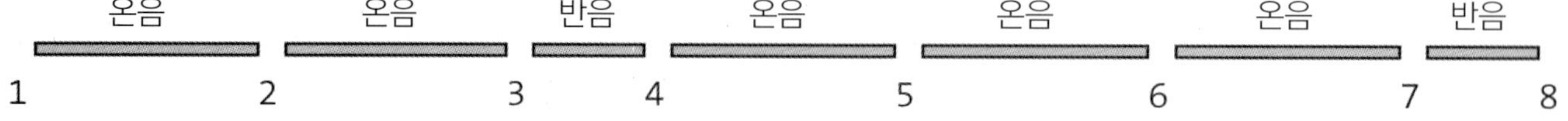

스케일을 외워서 능숙하게
연주할 수 있게 되면 레슨7
에 수록된 연주곡 중
《리듬 기타 연습》
(트랙 47) 을 들으며
즉흥연주를 해보세요.
C 메이저 스케일을
사용해 프레이즈를
만들어 연주하면 됩니다.
즉흥적으로 만들어낸
선율이 반주와 얼마나 잘
어울리는지 들어보세요.

C 메이저 스케일

C음에서 시작하는 메이저 스케일을 C 메이저 스케일이라고 합니다. 이때 C음이 근음입니다.

레슨 4에서처럼 C 코드를 먼저 연주한 다음 스케일을 연주하고 다시 C 코드를 연주하며 마무리하세요.

F 코드

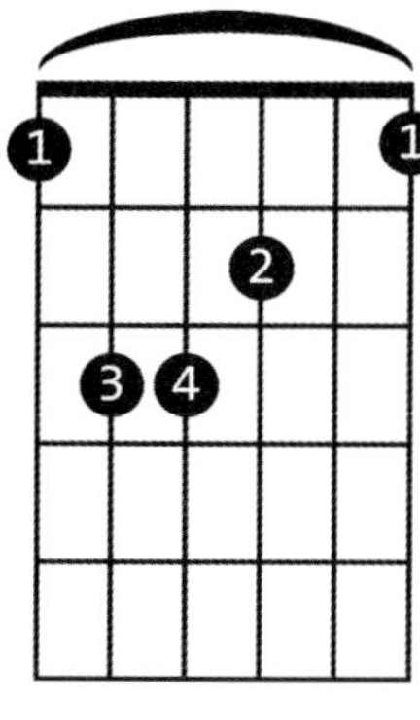

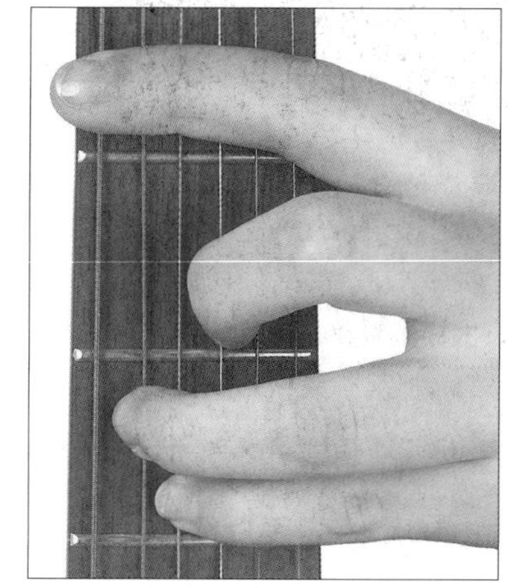

F 코드는 E 코드의 운지법을 그대로 유지한 채 반음 위로 이동하면 됩니다. 이를 위해 왼손 1번 손가락으로 여섯 줄을 모두 눌러야 합니다.

이렇게 한 손가락으로 여러 줄을 누르는 것을 바레 (barre) 라고 합니다. 바레 코드에 대해서는 레슨 9에서 더 배우게 될 것입니다.

Tip

F 코드는 또렷하게 소리 내기 쉽지 않습니다. 1번 손가락을 곧게 펴고 손목에서 힘을 빼세요. 몇 번 연습해보면 F코드 운지법에 익숙해질 수 있을 것입니다.

셈여림표

음악에서는 얼마나 세게 또는 여리게 연주해야 하는지를 이탈리아어로 표기합니다.
이러한 단어 또는 약어를 "셈여림표" 라고 합니다.

p = 피아노 (Piano), 여리게

f = 포르테 (Forte), 세게

mp = 메조 피아노 (mezzo piano), 조금 여리게

mf = 메조 포르테 (mezzo forte), 조금 세게

pp = 피아니시모 (pianissimo), 매우 여리게

ff = 포르티시모 (fortessimo), 매우 세게

점점 세게 (크레셴도) 또는 점점 여리게 (디미누엔도) 연주할 수도 있습니다.

Crescendo (cresc.) = 크레셴도, 점점 세게

Diminuendo (dim.) = 디미누엔도, 점점 여리게

연습 2와 연습 3을 연주하며 악보를 비교해보세요. 같은 셈여림표를 다른 방식으로 적은 것입니다.

연습 2.

연습 3.

The Drunken Sailor (술 취한 선원)

영국 민요

45-46

Londonderry Air (아! 목동아)

아일랜드 민요

47

Rhythm Guitar Study (리듬 기타 연습)

Pete Kershaw

D.C. al Fine는 D.S. al Fine와 비슷합니다. D.C.는 Da Capo (다 카포)의 줄임말로, 처음으로 돌아가서 한 번 더 연주하라는 뜻입니다. 마디 4에는 도돌이표가 있습니다. 도돌이표를 지켜 마디 1~4를 두 번 연주한 다음, D.C. al Fine까지 연주하고, 처음부터 Fine (마디 4)까지 연주하세요 (반복하지 않고 한 번만 연주합니다). 이렇게 연주를 하면 AABA 형식이 됩니다.

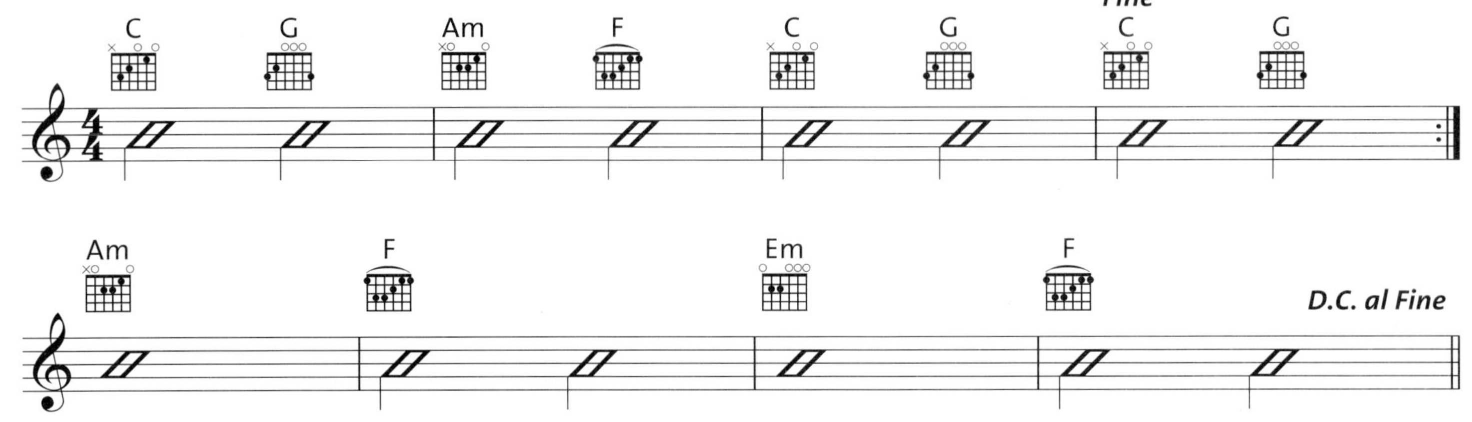

1. 단7도 음정
2. 세븐스 (7th) 코드
3. 임시표
4. 리듬 패턴 ♪♩♪

세븐스 (7th) 코드

메이저 코드나 마이너 코드에서 숫자 7은 근음과의 거리가 단7도 음정인 음이 들어있다는 뜻입니다.

단7도는 반음 (프렛) 10개 차이의 음정입니다. 예를 들어 C음에서 B♭음까지가 단7도입니다.

아래의 세븐스 코드를 보고 레슨1과 레슨 2에서 배운 E 코드, A 코드, D 코드와 비교해보세요. 어떤 음이 추가되었나요?

E7

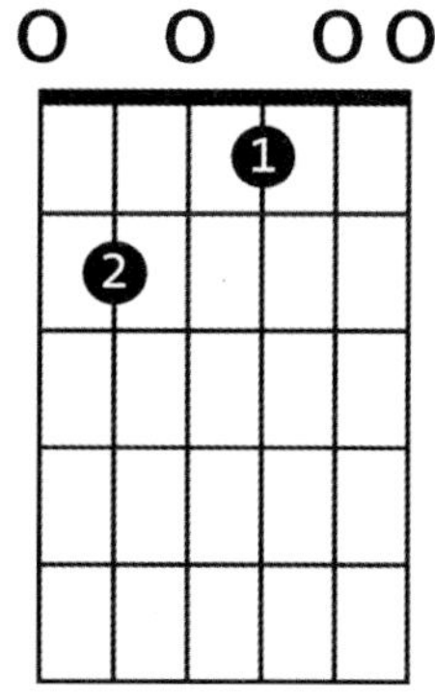
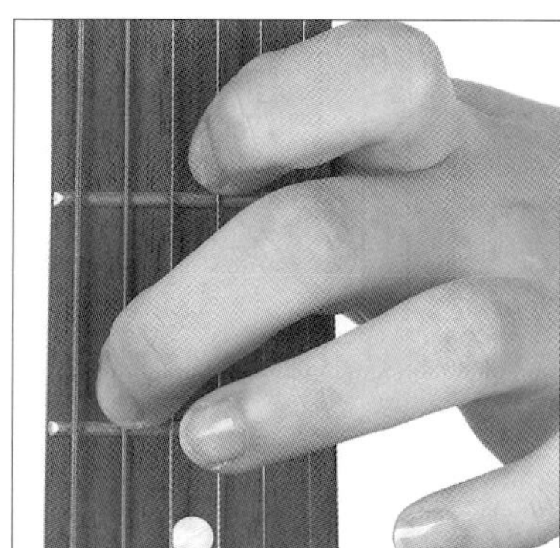

A7

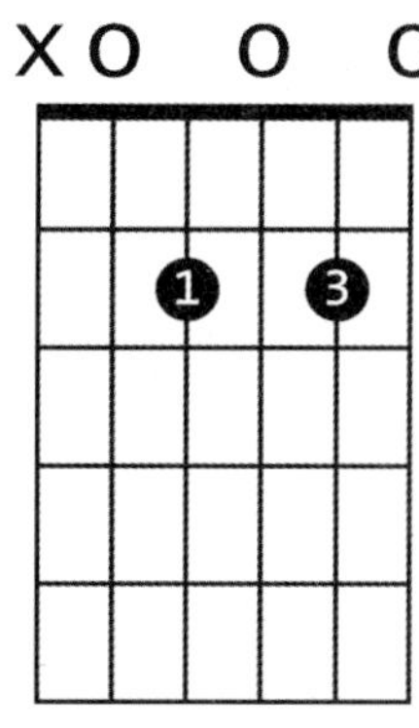
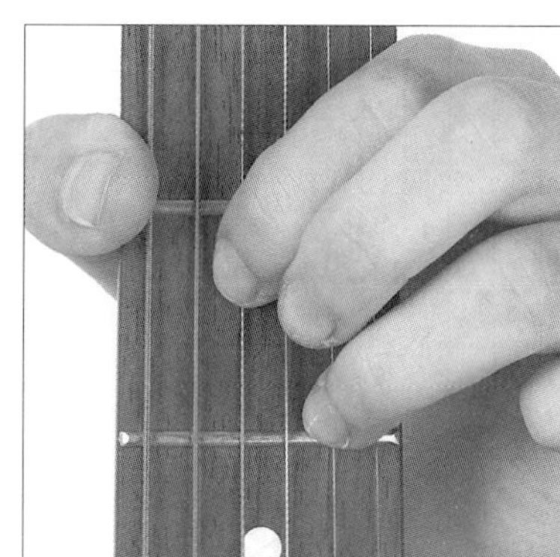

Tip

A7 코드는 이렇게도 짚을 수 있습니다.

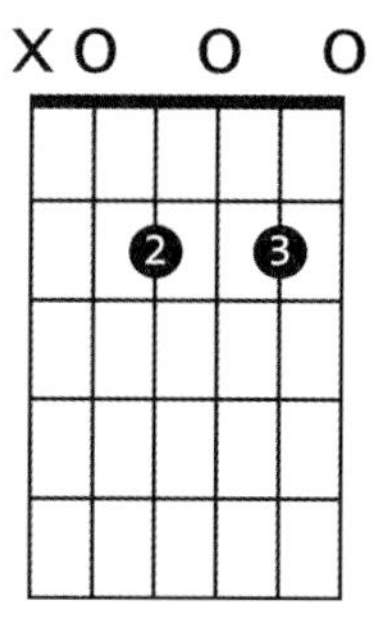

많은 사람들이 이 운지법을 더 선호합니다.
두 가지 운지법을 모두 시도해보고 더 편한 것을 사용하세요.

앞에서 했던 것처럼 엄지로 6번 줄을 뮤트하세요.

코드를 바꾸는 연습을 천천히 하면서 운지법이 정확한지 확인하세요.

D7

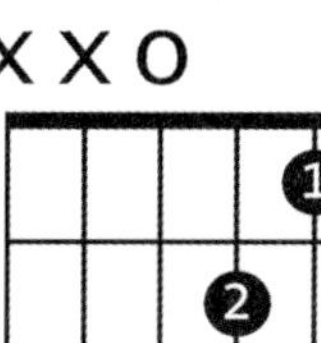
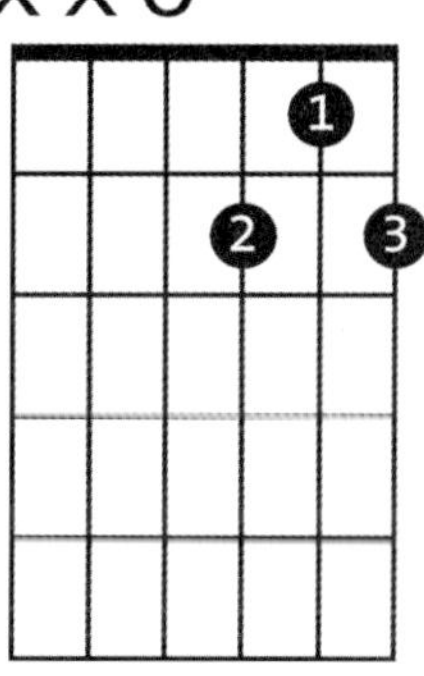
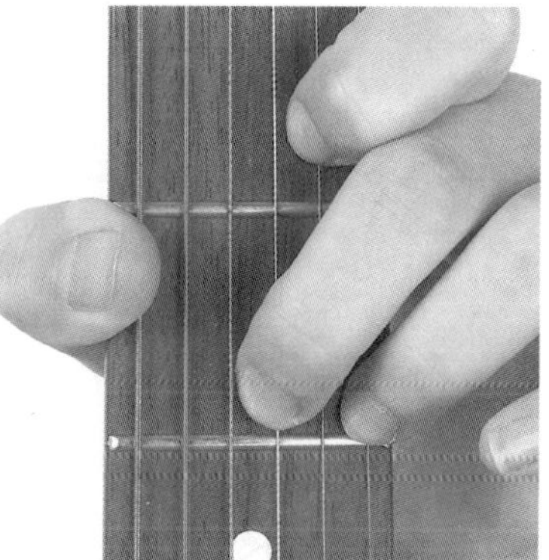

Rhythm Guitar Study (리듬 기타 연습)

Pete Kershaw

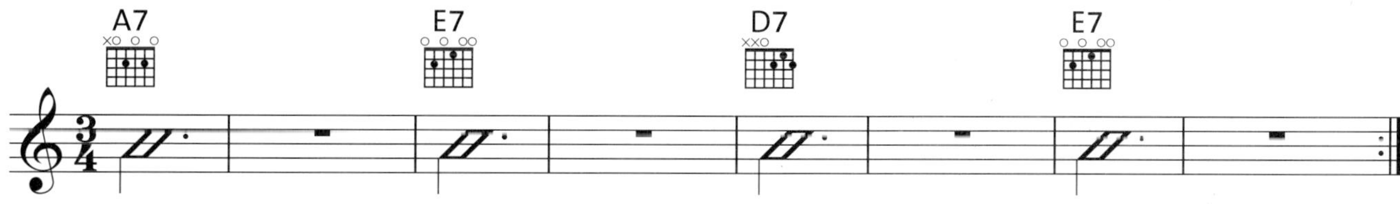

임시표

음에 임시표가 붙으면 그 음을 반음 내리거나 올릴 수 있습니다.

샵 (♯)은 음높이를 반음 올리고, 플랫 (♭)은 반음 낮춥니다.

내추럴 (♮, 제자리표)은 원래의 음높이로 돌아가라는 기호입니다.

Lesson 8

임시표를 잘 보면서 연습 1과 연습 2를 연주해보세요. 앞에서 배운 D음과 A음을 기준으로 한 프렛 위나 아래로 이동하면 샵
(♯)과 플랫(♭)을 연주할 수 있습니다.

연습 1.

Tip

임시표는 그 마디 안에서만
유효합니다. 다음 마디로
넘어가면 임시표가
자동으로 취소됩니다.

연습 2.

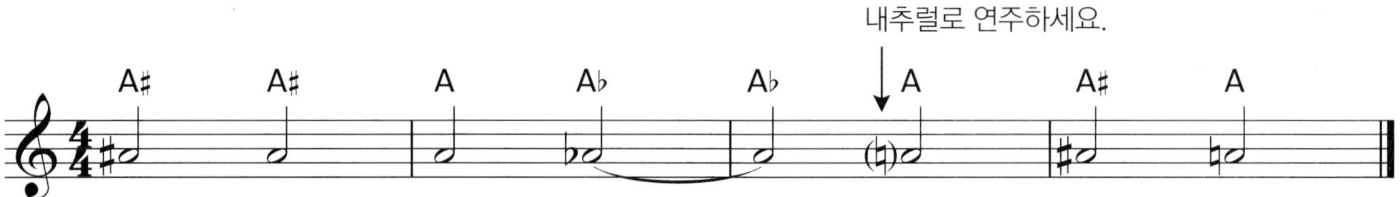

리듬 패턴 ♪ ♩ ♪

자주 사용되는 리듬입니다. 처음에는 연주하기 조금 까다로울 수 있지만 몇 번 연습해보면 금방 익숙해질 것입니다.

연습 3.

큰 소리로 박을 세며
연주하세요. 피킹 방향에
주의하며 연주하세요.

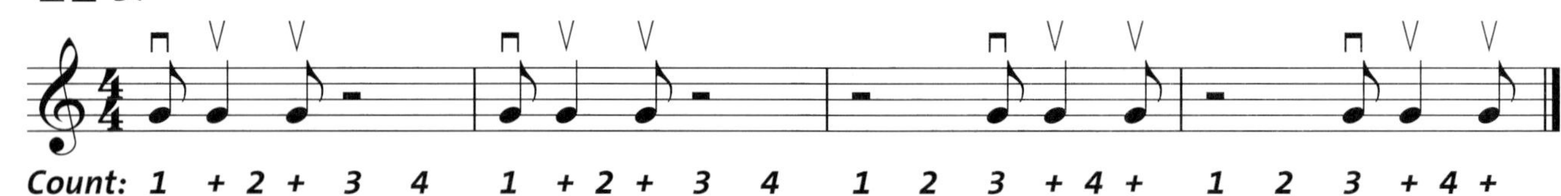

레슨 8을 위한 연주곡

49-50

Down By The Riverside (강가에 앉아)

외국 민요

큰 소리로 박을 세며, 피킹 방향에 주의하여 연주하세요.

We Three Kings (동방박사 세 사람)

크리스마스 캐롤

51-52
트랙 51:반복 없음

리드 기타

리듬 기타

goals:

1. 세븐스 코드: G7 코드, C7 코드, B7 코드
2. 조표
3. G 메이저 스케일
4. 12마디 블루스
5. 슬래시 기호

세븐스 코드

G7

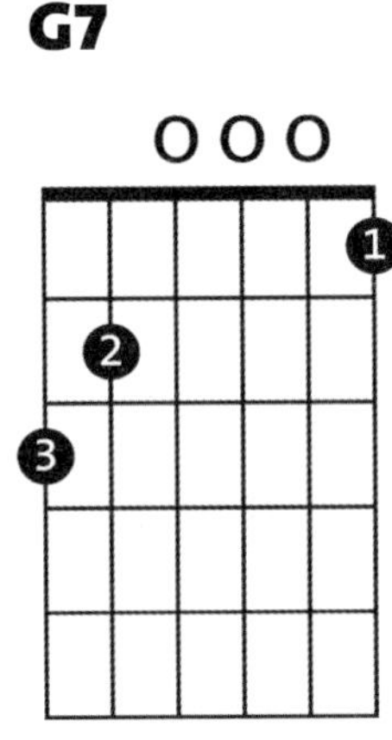

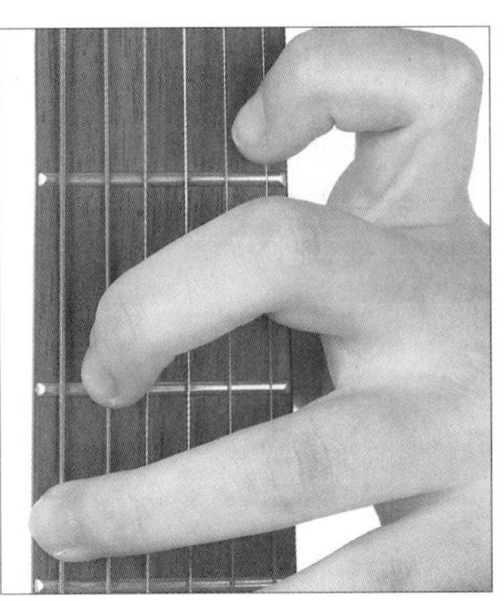

C7

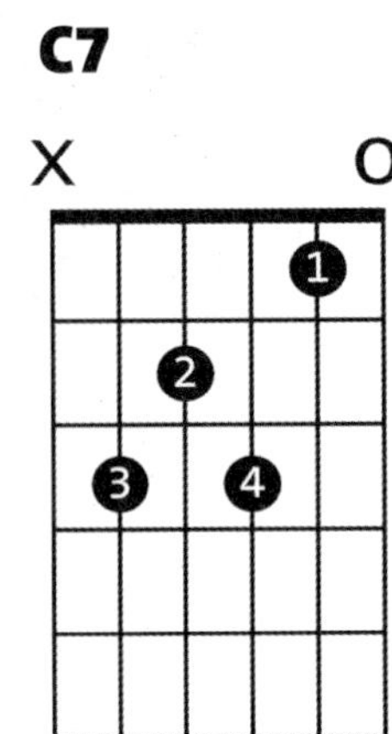

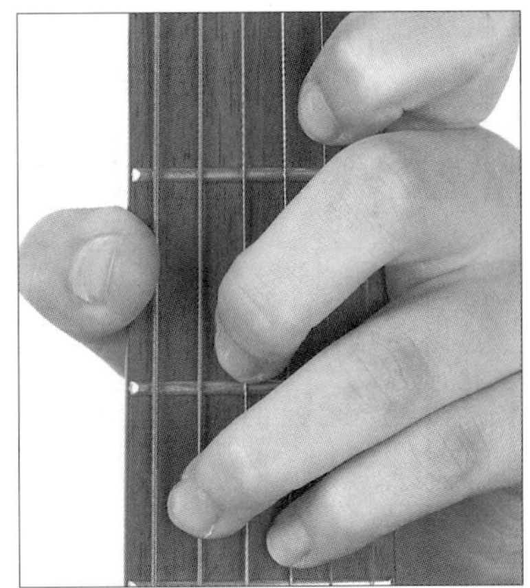

B7

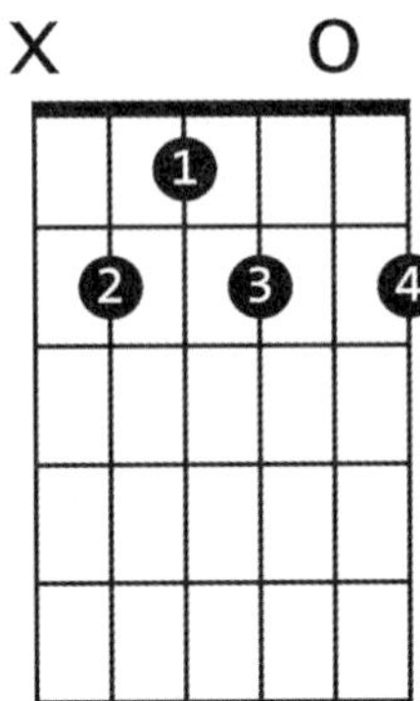

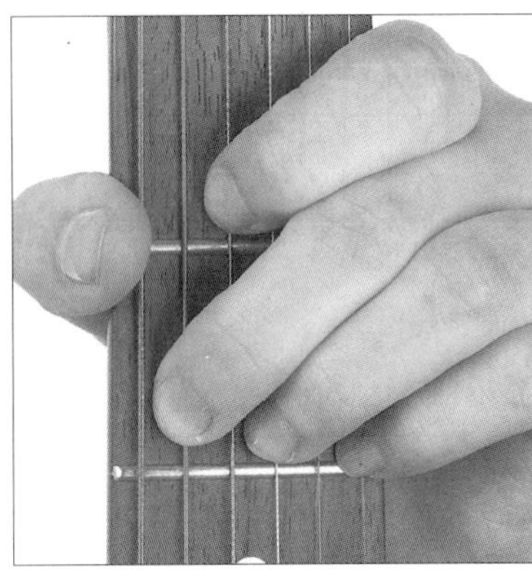

C7 코드와 B7 코드는 엄지로 6번 현을 뮤트하세요.

Tip

마디 1~4까지 5번 현 2프렛에서 2번 손가락을 계속 사용합니다. 2번 손가락을 지판에 고정한 채로 팔과 손목의 움직임을 이용하여 가볍게 코드를 바꾸는 연습을 하세요. 코드마다 공통적으로 사용되는 손가락 위치를 잘 알아두면 코드를 부드럽게 바꿀 수 있습니다.

연습 1.

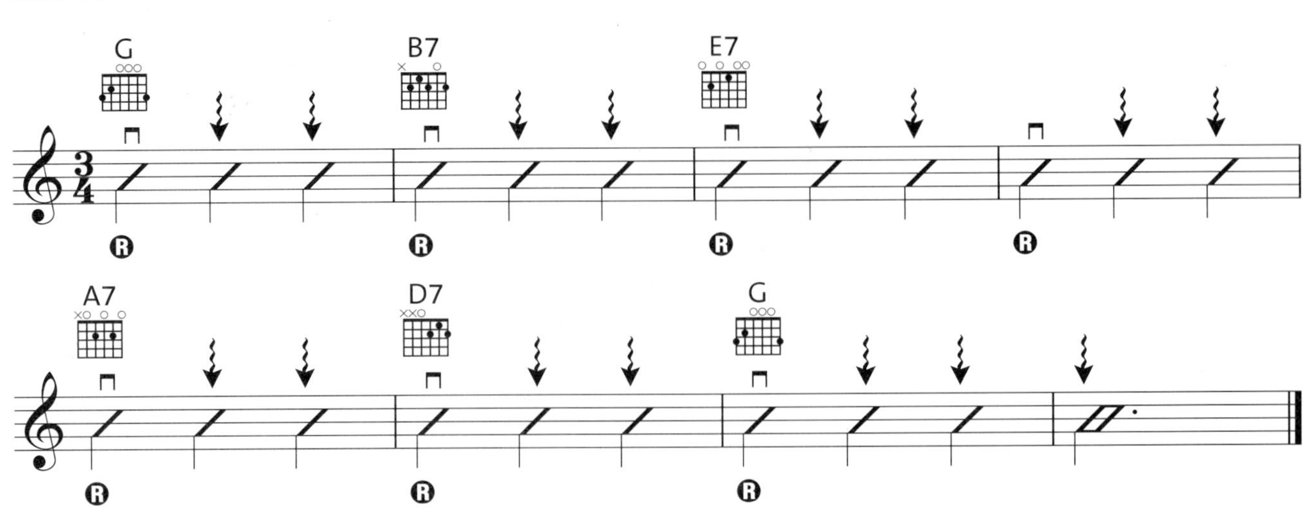

연습을 마친 뒤에는 항상 부드러운 천으로 현을 닦아주세요.
먼지나 손의 기름이 묻으면 기타의 소리가 둔해지고 현을 오래 쓰지 못하게 됩니다.

조표

레슨 7에서는 메이저 스케일이 온음과 반음이 일정한 패턴으로 배열된 것이라고 배웠습니다. G 메이저 스케일도 같은
패턴을 따릅니다. G 메이저 스케일의 6번째 음과 7번째 음 사이는 온음이 되어야 하기 때문에, E음 다음에는 F음이 아닌
F♯음이 옵니다. 그래서 G 메이저로 된 곡에서는 항상 F음에 ♯이 붙습니다. 이것을 음자리표 옆에 표시한 것이 조표입니다.
아래 악보에서 조표를 보세요. ♯이 F음에 걸려있습니다.

G 메이저 스케일

G 코드를 연주한 다음, G 메이저 스케일을 천천히 연주하고, 마지막으로 G 코드를 한 번 더 연주하며 마칩니다.

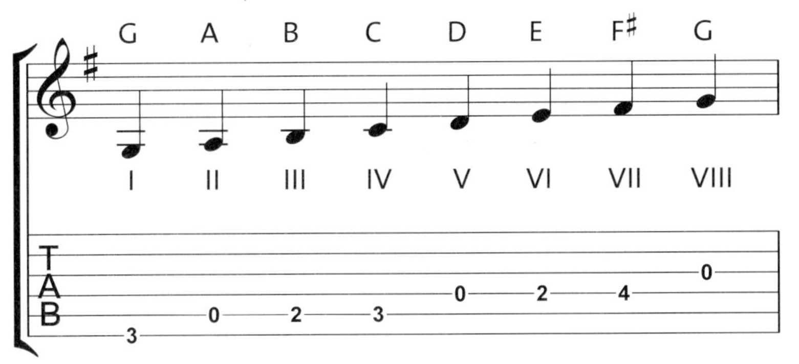

악보에는 낮은 음에서 높은 음으로 차례로
연주하는 상행 진행만 나와 있지만,
스케일을 연주할 때는
상행과 하행(높은 음에서 낮은 음으로)
모두 연주하는 것이 좋습니다.

스케일 연주에 익숙해지면 외워서
연주해보세요. 트랙 53을 틀고 G 메이저
스케일의 음들로 즉흥연주 해보세요.
G 메이저 스케일에는 G 코드의 음들이
들어있습니다.

스케일 안에서 각 음의
순서를 로마숫자로
표기하기도 합니다. 읽을
때는 1도(I), 4도(IV),
5도(V) 등으로 읽기도 하고
각각 토닉, 서브도미넌트,
도미넌트라고 부르기도
합니다.

12마디 블루스

가장 흔히 사용되는 코드 진행은 12마디 블루스입니다. 이름처럼 12마디 길이이며, 가장 기본적인 형식은 메이저 스케일의
I, IV, V 화음을 아래의 순서대로 연주하는 것입니다.

1	2	3	4	5	6	7	8	9	10	11	12
I	I	I	I	IV	IV	I	I	V	IV	I	V

Rhythm Guitar Study (리듬 기타 연습)

Pete Kershaw

G 메이저의 세븐스 코드를 사용하는 12마디 블루스 곡입니다.

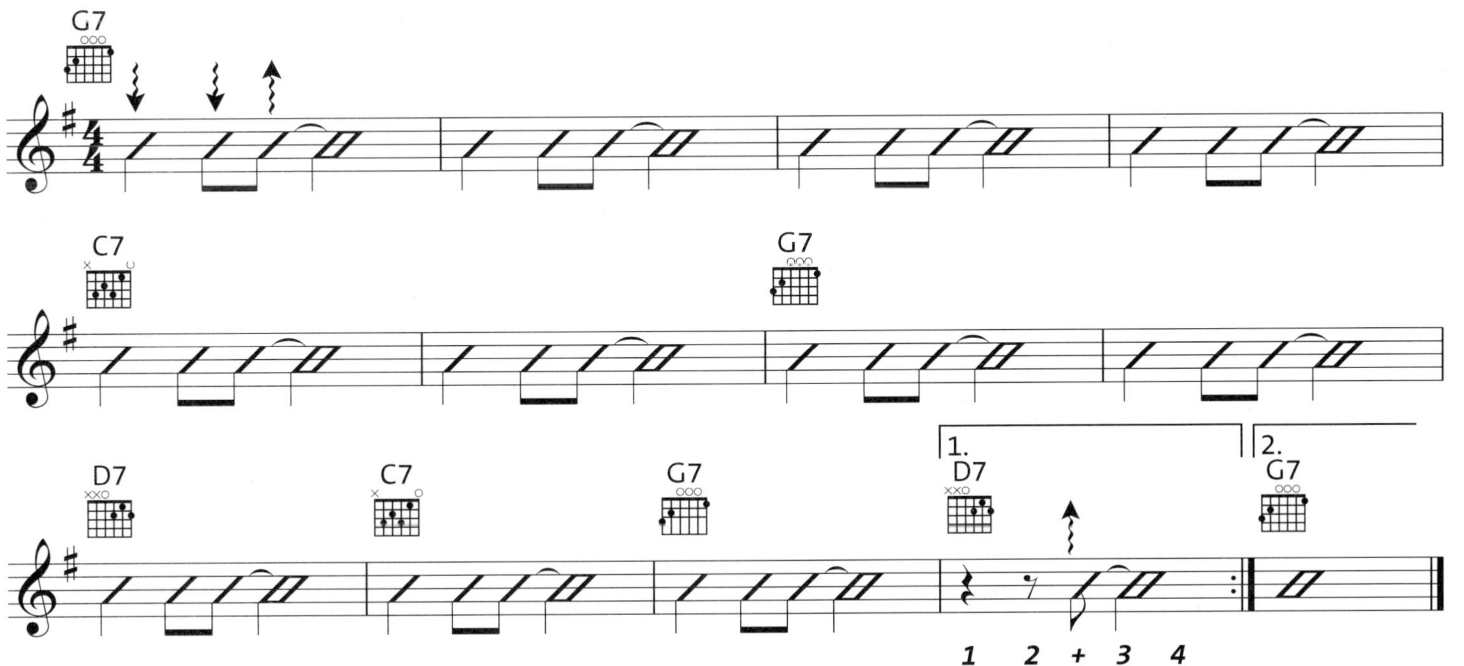

슬래시 기호

악보에 그어진 사선은 자유롭게 리듬을 만들어서 코드를 연주하라는 뜻입니다.

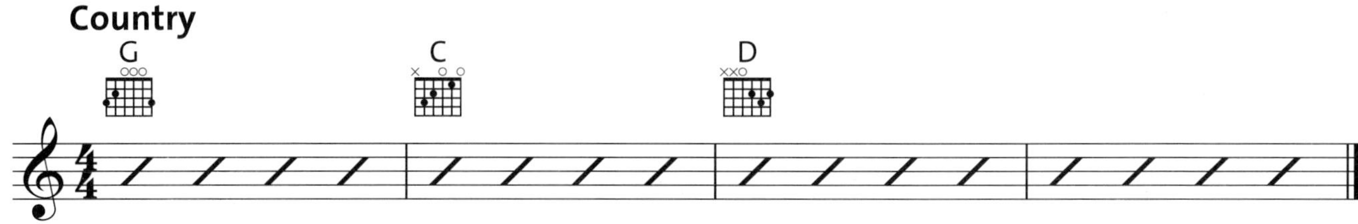

사선으로 생긴 기호는 똑같은 리듬을 반복해서 적지 않기 위해서 사용합니다. 악보에 sim. 또는 simile라고 적혀 있을 때도 마찬가지로 계속해서 앞과 같은 리듬으로 연주합니다.

레슨 9를 위한 연주곡

Aura Lee (오라 리)

Poulton

선율을 먼저 연주하고 반복할 때는 리듬 기타를 연주하세요. 선율과 리듬 파트에 맞는 음량과 음색으로 연주하세요.

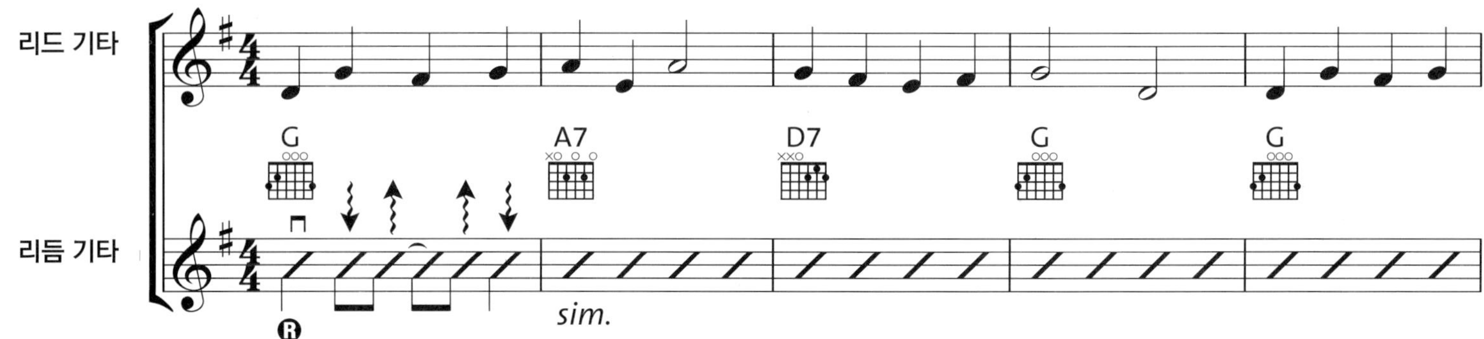

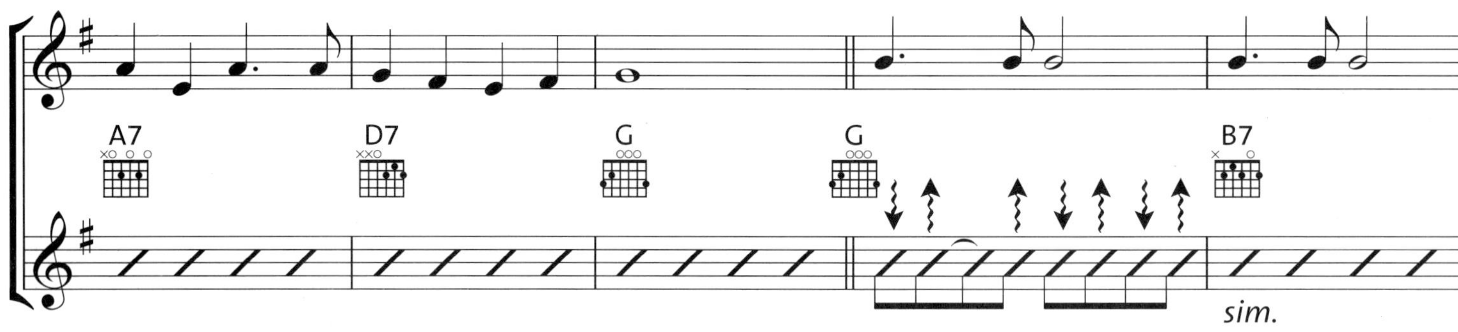

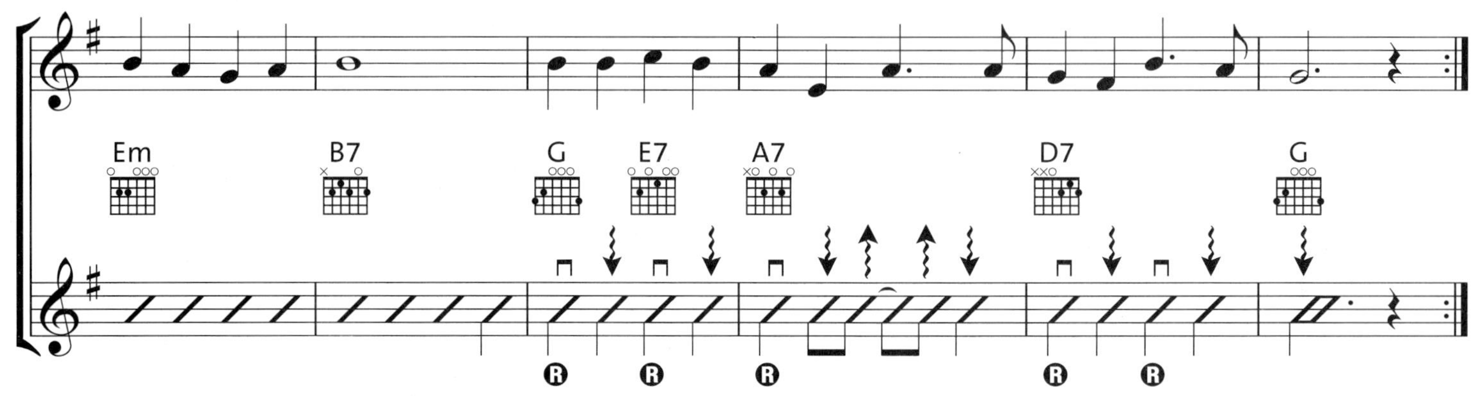

레슨 9를 위한 연주곡

Auld Lang Syne (작별)

스코틀랜드 민요

트랙 57 : 반복 없음

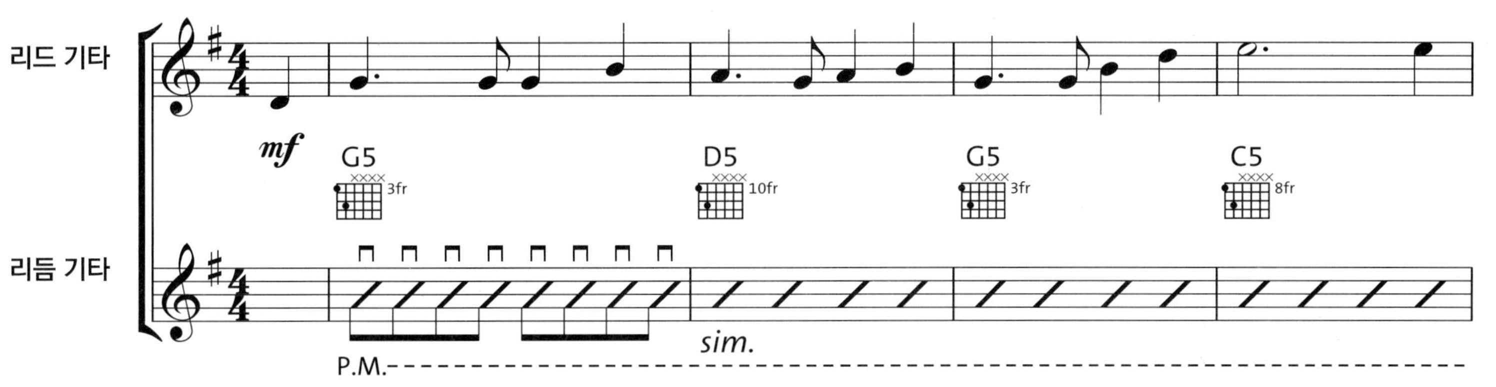

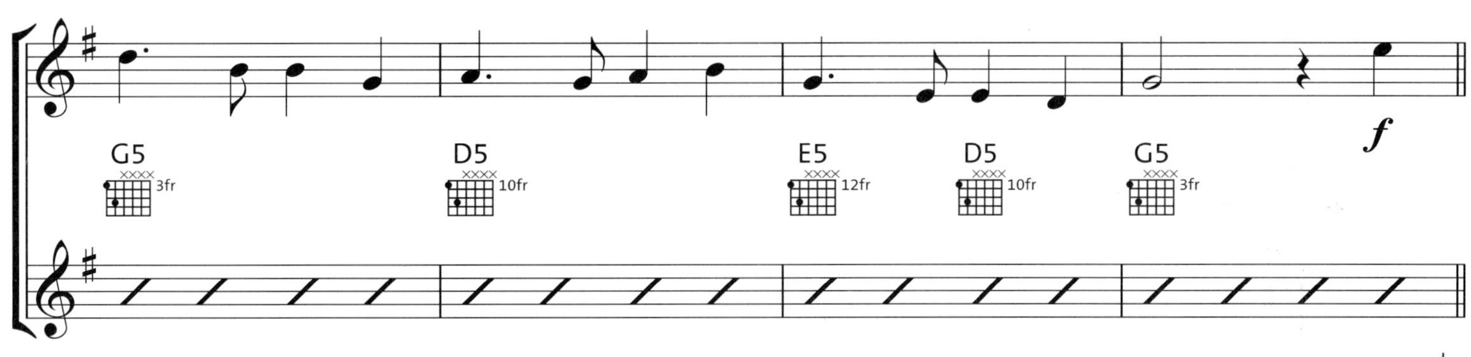

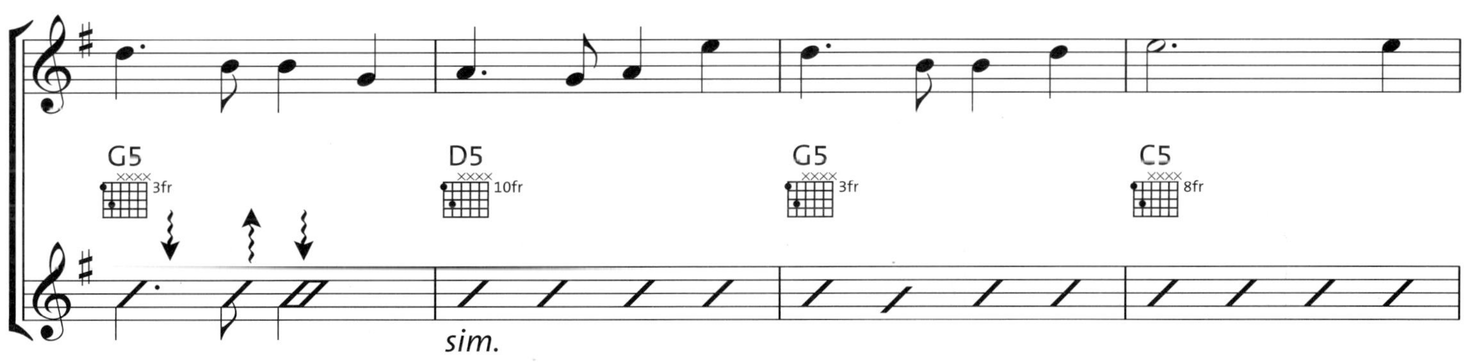

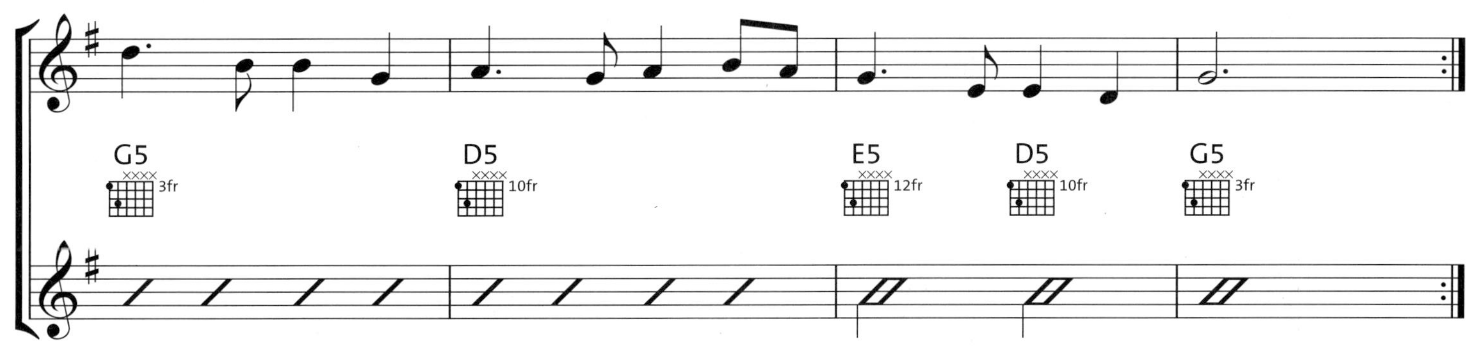

goals:

1. F 메이저 스케일과 조표
2. 바레 코드 (Barre Chord)
3. 8분음표 스윙하기
4. 블루스 리듬 기타

F 메이저 스케일

59

F 메이저 스케일에서는 B음에 ♭이 있습니다.

Tip

F 스케일에서 F 코드의 음들을 찾아보세요.

F 코드, F 메이저 스케일, 다시 F 코드의 순서로 연주하세요. 스케일을 연주할 때는 상행과 하행 모두 연주합니다. 악보를 보지 않고 편안하게 연주할 수 있게 되면 CD의 59번 트랙을 들으며 즉흥연주 해보세요.

바레 코드 (Barre chord)

레슨 7에서 배운 F 코드는 바레 코드였습니다. E 코드를 반음 (한 프렛) 올리고 1번 손가락으로 여섯 현의 1프렛을 모두 누르면 F 코드가 됩니다. 따라서 F♯ 코드 (= G♭ 코드)를 연주하려면 F 코드를 그대로 한 프렛 올리면 됩니다 (이제 근음은 F♯ 음입니다). 한 프렛 더 올라가면 반음 더 올라간 G 코드가 됩니다. 여섯 현의 모든 프렛의 음을 알고 있으면, 바레 코드로 모든 메이저 코드를 연주할 수 있습니다.

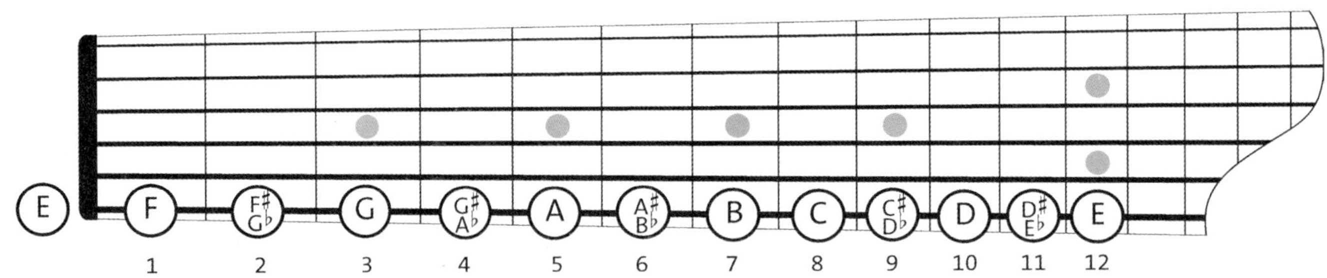

6번 현의 E 개방음에서 시작해 12프렛까지 음이름을 말하며 한 음씩 퉁겨보세요. 그 다음 반대로 12프렛에서 개방음까지 한 음씩 퉁겨보세요. 음이름을 모두 외울 때까지 반복하세요.

8분음표 스윙하기

탄력 있게 바운스를 주어 연주하세요. 한 박을 셋으로 나누어 2/3은 앞의 8분음표로, 나머지 1/3은 두 번째 8분음표로 연주한다고 생각하면 쉽습니다.

클래식 음악에서는 8분음표를 악보 그대로 4분음표의 절반 길이로 연주합니다.
그러나 재즈와 블루스에서는 2개의 8분음표를 불균등하게 즉, 첫 음을 두 번째 음보다 더 길게 연주합니다. 이렇게 연주하는 것을 스윙이라고 합니다.

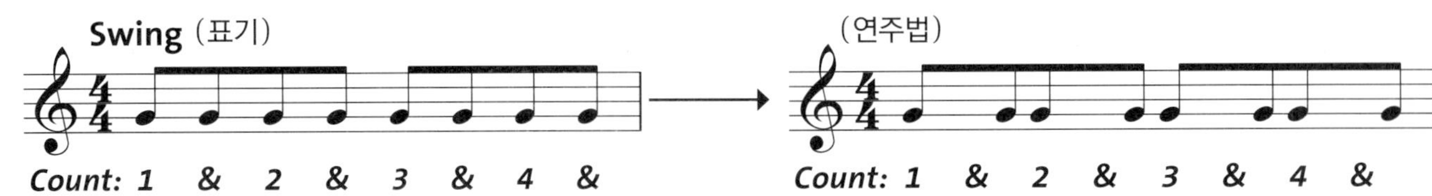

연습 1. Down By The Station (기차역에서)

스윙 8분음표가 나오는 동요입니다.

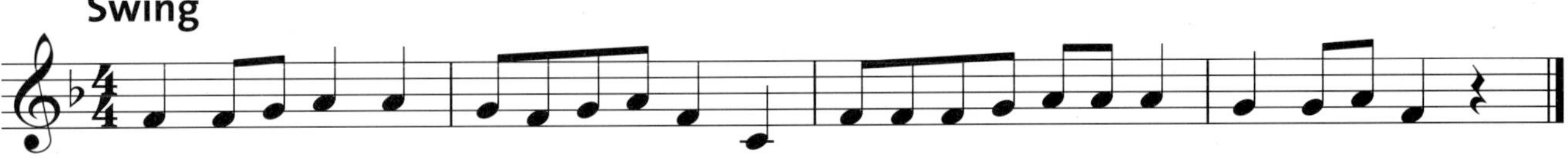

블루스 리듬 기타

블루스에서 자주 사용하는 테크닉이고 다른 음악 스타일에서도 사용됩니다. 먼저 파워코드를 연주한 다음 3번 손가락을 4번 손가락으로 바꿔 연주합니다.

연습 2.

아래 악보를 스윙으로 연주해보세요.

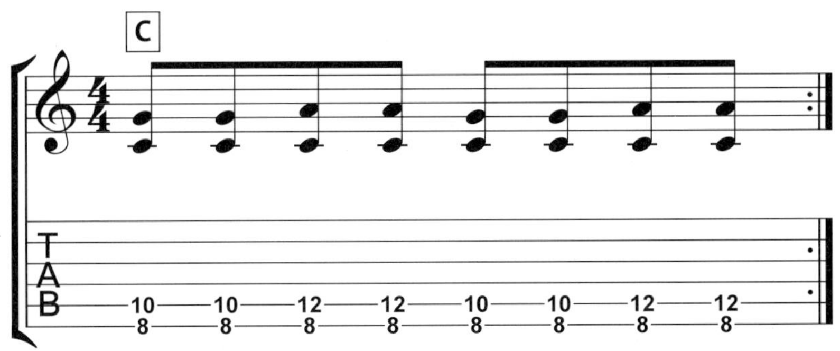

Rhythm Guitar Study (리듬 기타 연습《남쪽에서》)  Pete Kershaw

다음은 변형된 12마디 블루스 진행 중 자주 사용되는 것입니다.
레슨 9에서 배운 진행과 다른 점은, 마디 2에서 I 화음인 G 코드 대신 IV 화음인 C 코드가 잠시 나온다는 것입니다.
연습 2에서 배운 블루스 리듬 기타 패턴을 사용해 이 곡을 연주해보세요. 6번 현에서만 연주하세요.

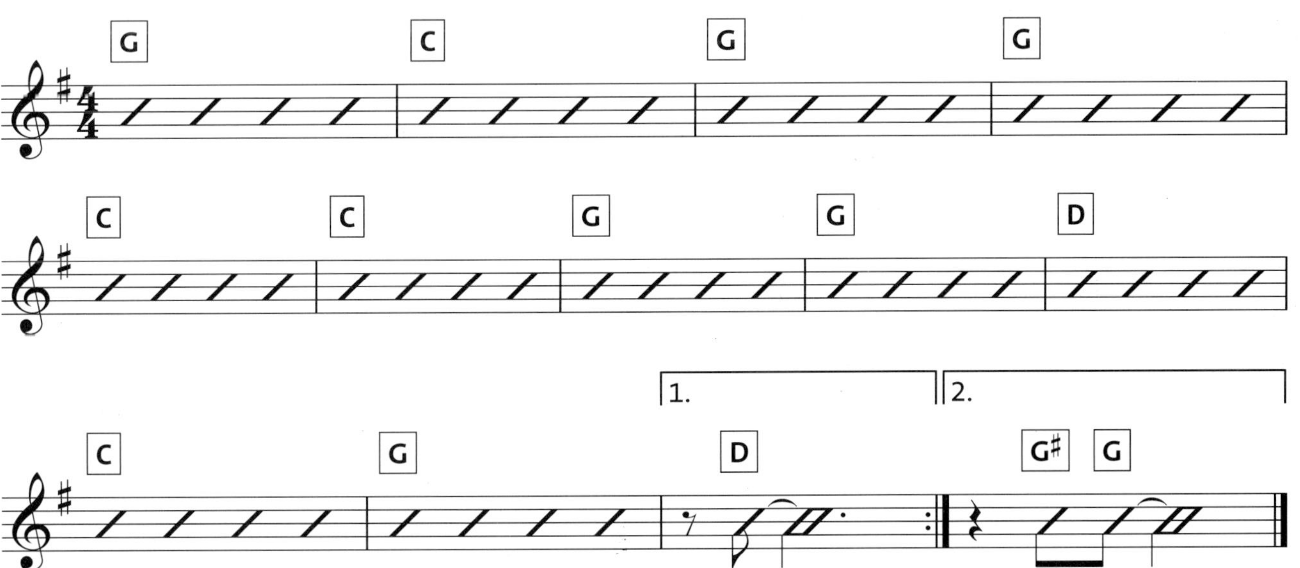

레슨 10을 위한 연주곡

Can Can (캉캉)

Offenbach

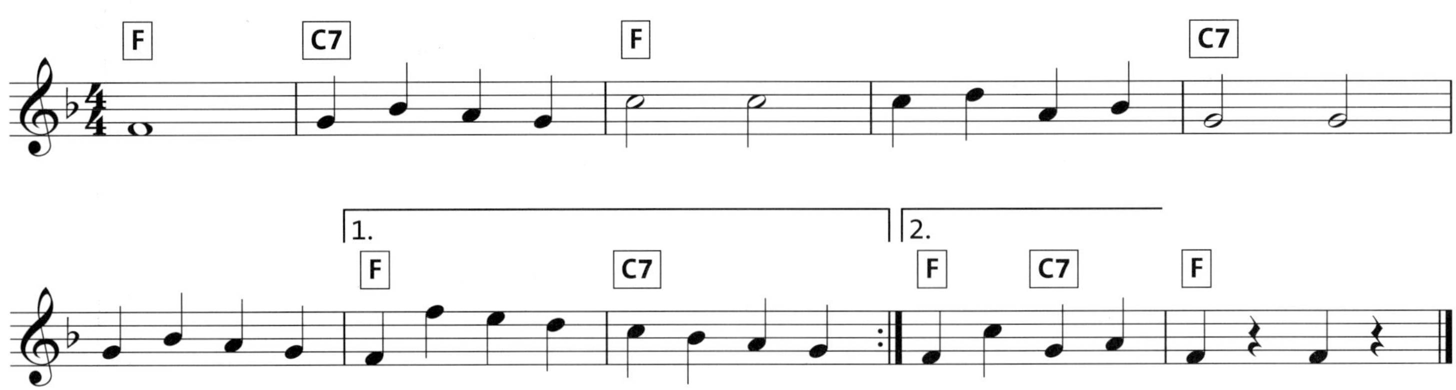

Jingle Bells (징글벨)

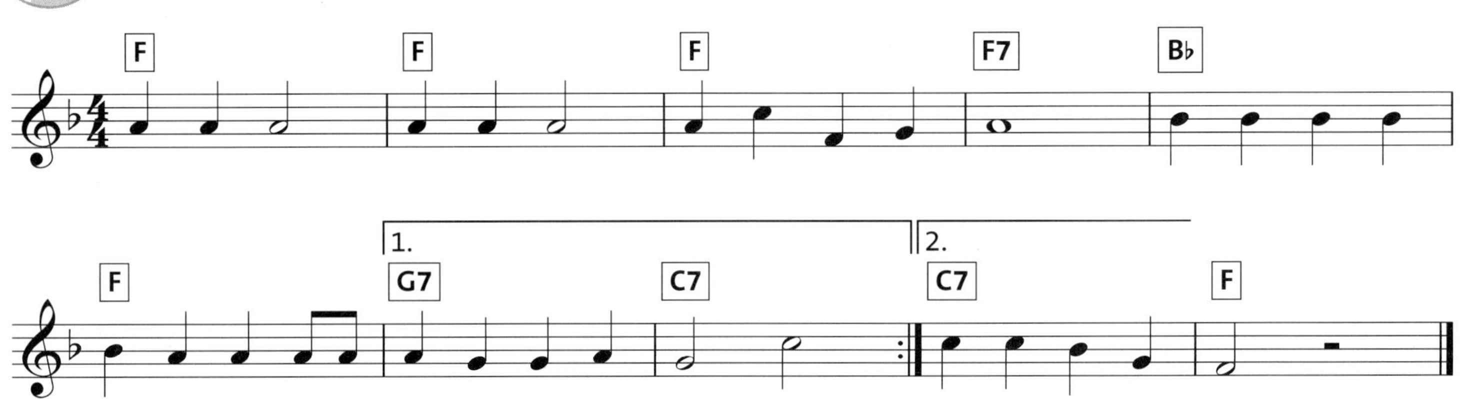

Entry Of The Gladiators (검투사의 등장)

Fučík

Lesson 6 ~ 10

1. 운지법을 찾아보세요.

6번 현에서 A♭, D, G, C♯, A, F, B음의 위치를 찾아 동그라미 안에 음이름을 적어보세요.

(7)

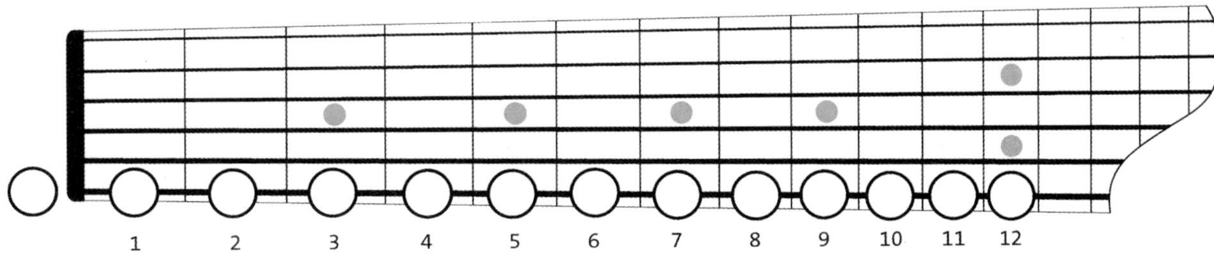

2. 스케일

메이저 스케일의 온음과 반음 배열 순서를 쓰고, 아래 악보에 F 메이저의 조표와 스케일을 그려보세요.

(4)

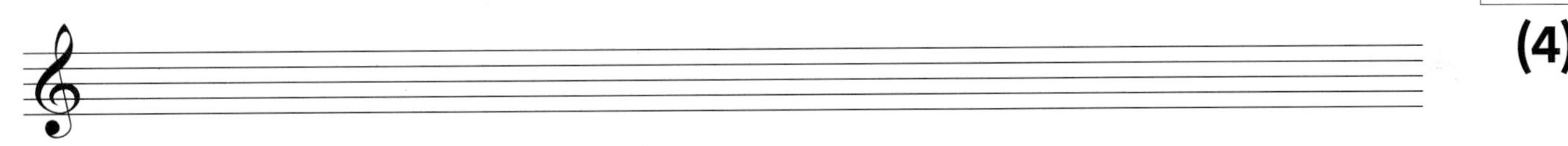

3. 여러 가지 기호

아래 기호는 무슨 뜻인가요?

(4)

4. 임시표

악보 아래에 음이름을 적어보세요.

(4)

5. 로마 숫자로 스케일의 음 찾기

C 메이저 스케일에서 I, IV, V음은 무엇인가요?

(6)

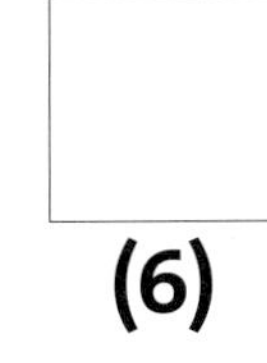

Total (25)

Lesson 11

goals:

1. 바레 코드: 메이저, 마이너, 세븐스
2. 스타카토
3. 레게 리듬 기타

다양한 바레 코드

바레 코드는 두 가지 요소로 구성됩니다.

1. 근음: 어느 프렛을 짚어야 할지 알려줍니다.
2. 모양: 어떤 종류의 코드인지 알려줍니다.

지금까지는 메이저 바레 코드만 연주했습니다. 이 코드의 모양을 조금 바꾸면 다른 종류의 바레 코드도 연주할 수 있습니다. 가장 자주 사용되는 것은 마이너 코드와 세븐스 코드입니다.

Gm

G7

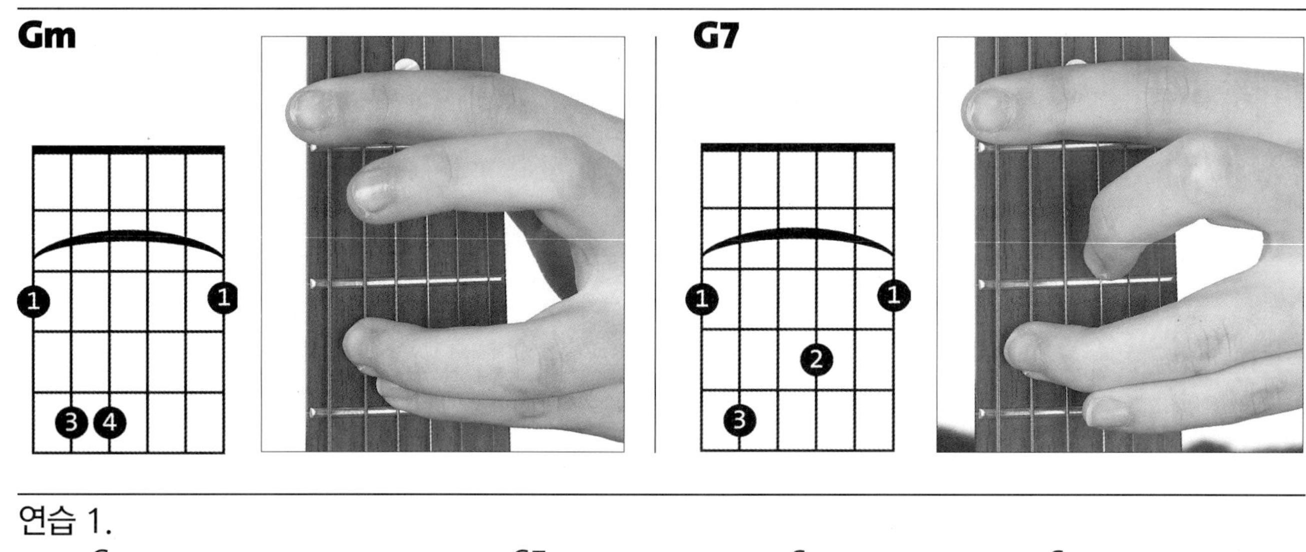

연습 1.

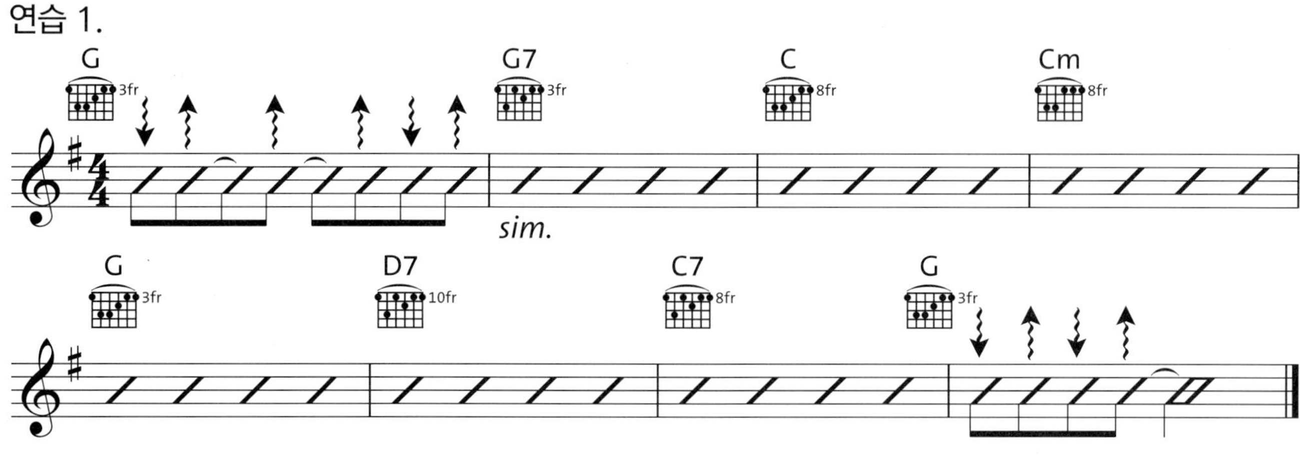

연습 2.

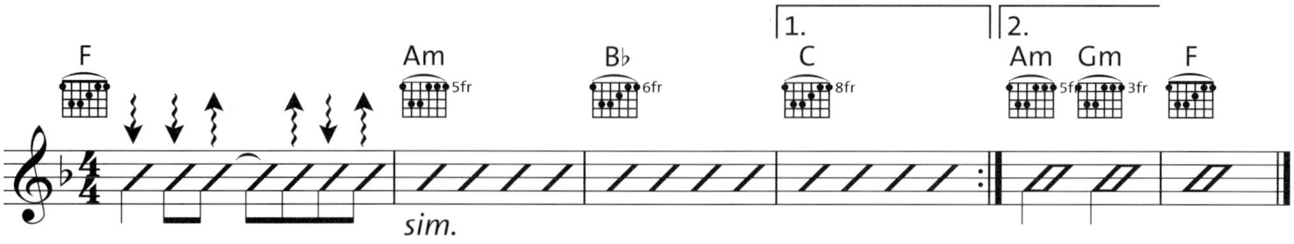

스타카토 (Staccato)

스타카토는 음을 짧게 끊어 연주하라는 뜻입니다. 음표 위나 아래의 점이 스타카토 기호입니다. 음이나 코드를 연주하자마자 왼손에 힘을 살짝 뺍니다(하지만 줄에는 닿아있어야 합니다).

레게 리듬 기타

Lesson 11

레게는 스타카토를 아주 많이 사용하는 장르입니다. 레게에서는 리듬 기타가 타악기 같은 역할을 합니다. 오른손으로 현을 세게 치기도 하고, 소리가 잘 들리게 하기 위해 날카로운 음색의 브릿지 픽업을 사용하고 고음 위주로 연주합니다.

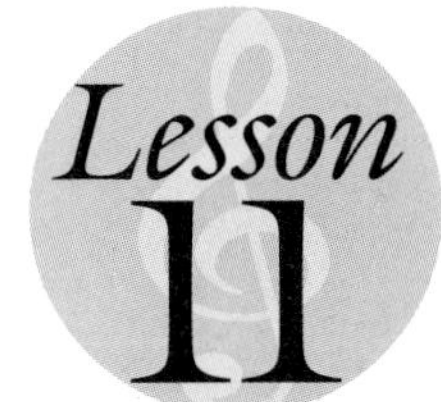

레슨 11을 위한 연주곡

68-69
트랙68:반복 없음

Swing Low, Sweet Chariot (흔들리는 마차)

* 흑인 영가

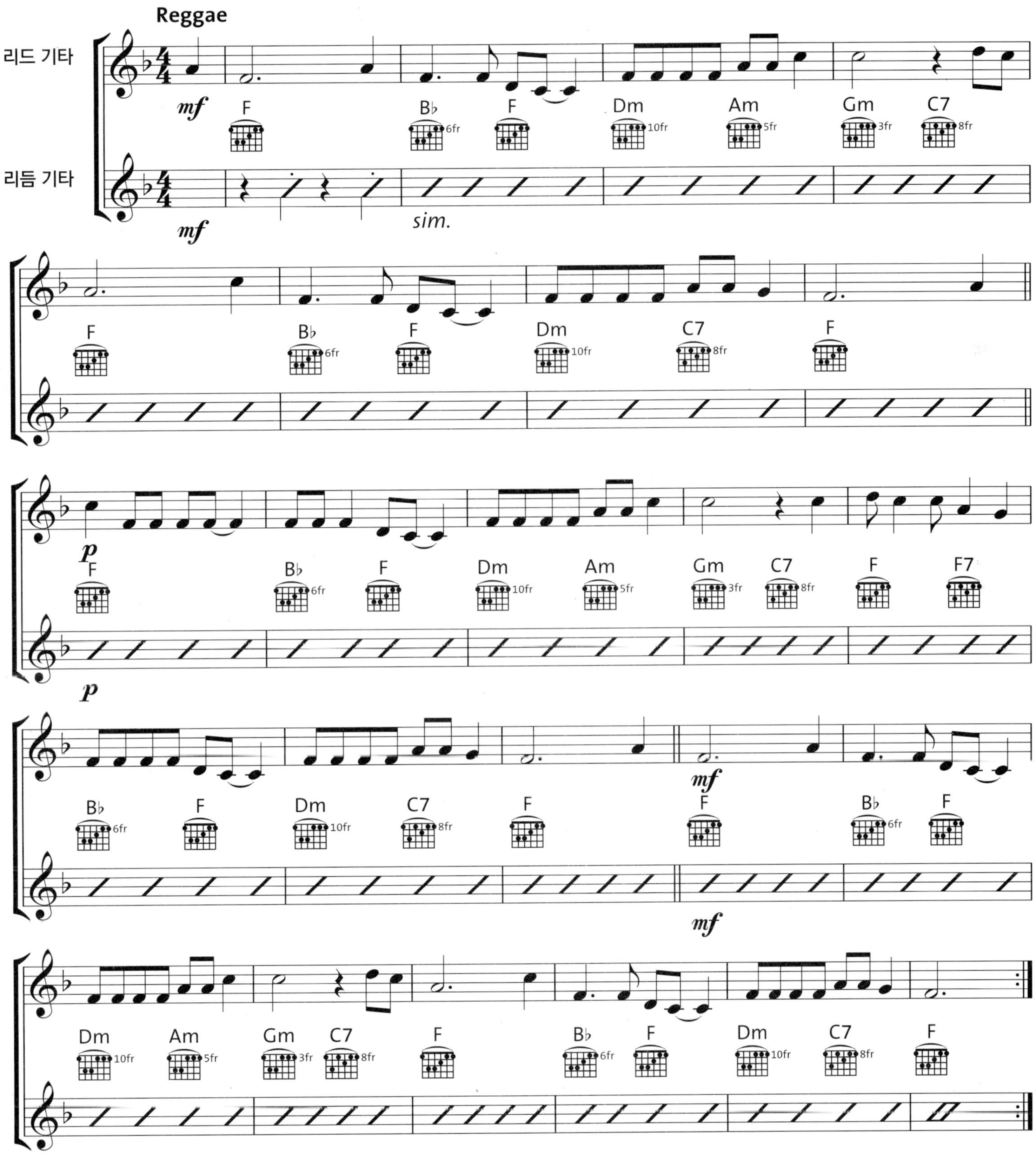

* 흑인 영가: 아프리카에서 노예로 끌려간 이들이 만들어 부르던 노래

goals:

1. 컨트리 리듬 기타
2. $\frac{6}{8}$ 박자
3. 발라드 반주하기
4. 메이저 펜타토닉 스케일
5. 옥타브 기호 (8va)

컨트리 리듬 기타

레슨 2에서 컨트리 스타일 리듬 기타를 배운 것이 기억나나요?
이번에는 매번 근음을 연주하는 대신 근음과 5음을 번갈아 연주해보겠습니다.
바레 코드를 사용하면 근음은 6번 줄에, 5음은 5번 줄에 있습니다.
다운 스트러밍은 스타카토로 연주하고 브릿지 픽업의 밝은 음색을 사용합니다.

연습 1.

3프렛에서 G 메이저 바레 코드를 사용하여 연주하세요.

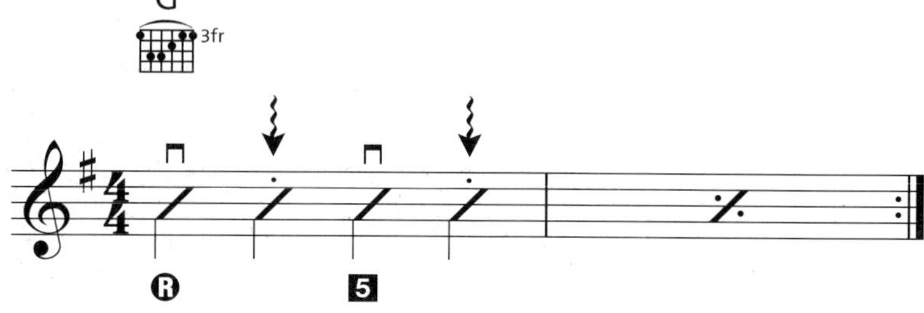

$\frac{6}{8}$박자

$\frac{6}{8}$박자는 자주 사용되는 박자표 중 하나입니다. 한 마디에 6개의 8분음표가 들어가고, 이 8분음표들은 3개씩 2묶음으로 나뉩니다.

연습 2.

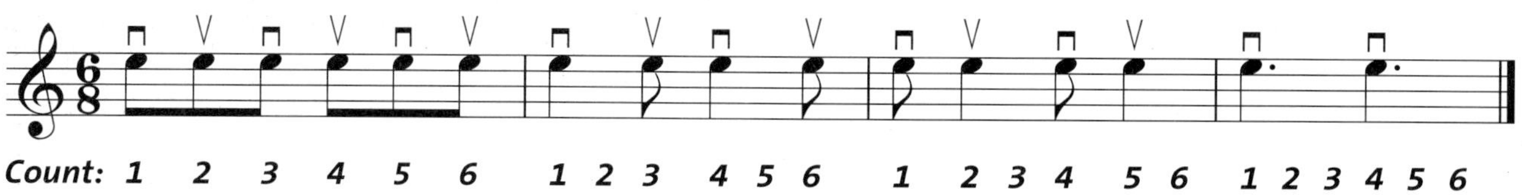

연습 3.

발라드 반주하기

Tip
아르페지오는 코드를 한 번에 모두 치는 대신 한 음씩 차례로 퉁기는 것을 말합니다.

발라드의 리듬 기타를 연주하는 한 가지 방법은 코드를 잡고 한 음씩 순서대로 피킹하는 것입니다.
피킹한 음은 자연스럽게 울리도록 둡니다.
이렇게 코드를 한 음씩 따로 연주하는 것을 아르페지오라고 합니다.

연습 4.

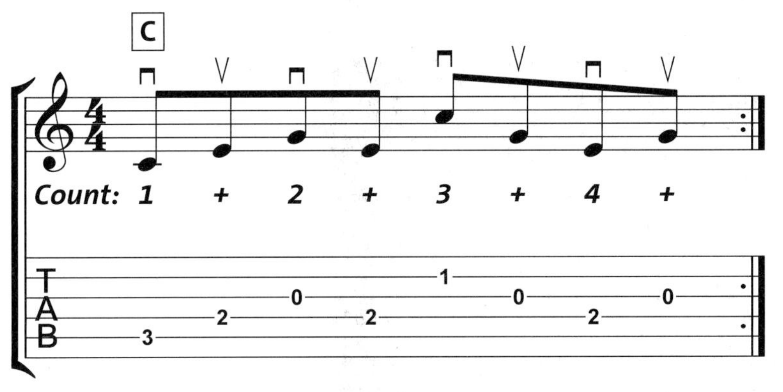

C 메이저 코드를 *오픈 포지션으로 잡고 천천히 악보처럼 연주해보세요.

* 오픈 포지션: 개방음을 사용하는 코드 포지션

연습 5.

발라드는 $\frac{6}{8}$박자일 때도 많습니다.

Am 코드를 오픈 포지션으로 잡고 한 음씩 천천히 퉁겨보세요.

연습 6.

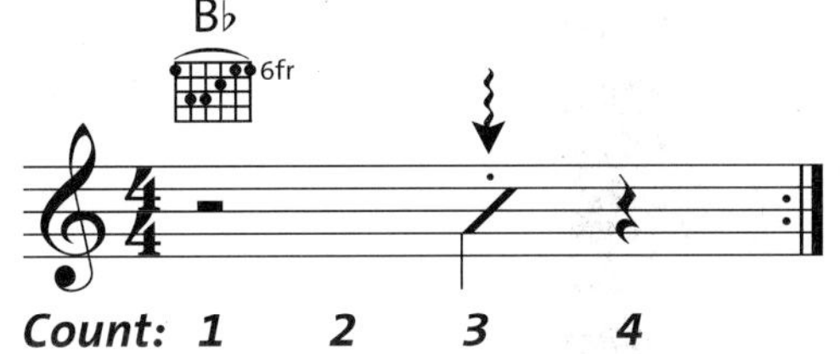

3박에 아주 세게 스타카토를 연주해보세요.
연습 4, 연습 5의 패턴과 함께 사용할 수 있습니다.

메이저 펜타토닉 스케일

바레 코드처럼 대부분의 스케일도 모양을 유지하며 넥을 따라 위아래로 이동할 수 있습니다.
G 펜타토닉 스케일에서 운지법을 조금만 바꾸면 한 옥타브 위의 스케일을 연주할 수 있습니다 (15프렛에서 시작).
8va는 악보보다 한 옥타브 높은 음을 연주하라는 뜻입니다.

연습 7.

외워서 연주할 수 있을 때까지 상행과 하행을 반복하며 스케일을 연습하세요.

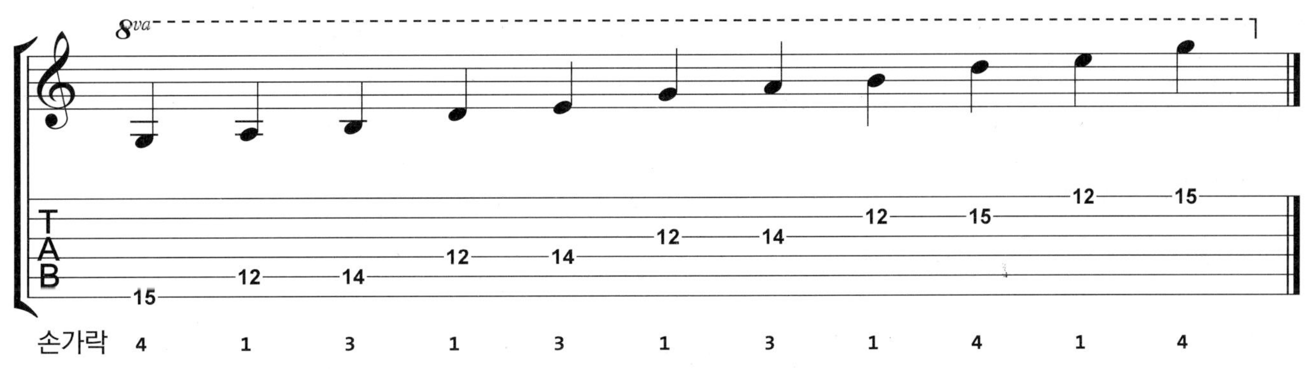

Tip

근음이 어디에 있는지 주의 깊게 살펴보면 프렛을 이동할 때 도움이 됩니다. 예를 들어 G 펜타토닉 스케일을 온음 하나만큼 올리려면 근음이 A음이 되어야 합니다. A음의 위치를 찾아서 G 펜타토닉 스케일과 똑같은 운지법으로 연주하면 A 메이저 펜타토닉 스케일이 됩니다.

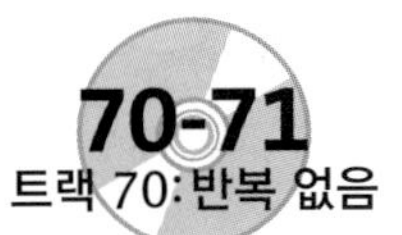

레슨 12를 위한 연주곡

70-71
트랙 70: 반복 없음

Will The Circle Be Unbroken (우리 다시 만날 수 있기를)

Charles H.Gabriel

15프렛에서 시작하는 G 펜타토닉 스케일을 사용해 악보보다 한 옥타브 높은 선율을 연주해보세요. 반주는 연습 1에서 배운 컨트리 스타일 리듬 기타로 합니다. 바레 코드를 사용하여 밝은 음색으로 연주하세요.

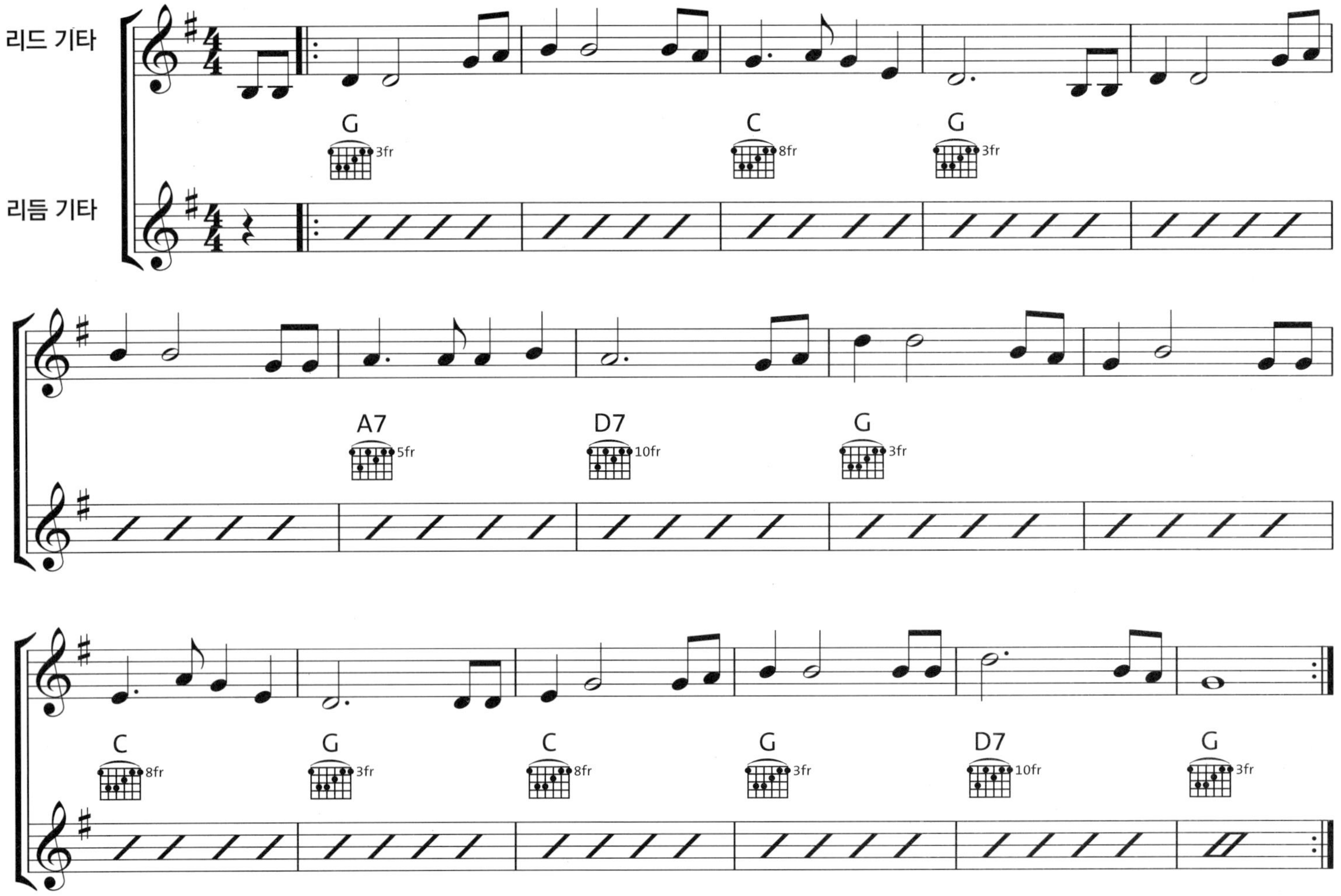

72-73
트랙 72: 반복 없음

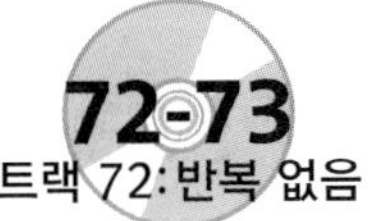

Greensleeves (푸른 옷소매)

16세기 영국 민요

마지막 마디의 긴 화살표는 코드를 한 음씩 순서대로 연주하라는 뜻입니다. 평상시보다 스트러밍을 느리게 하세요.

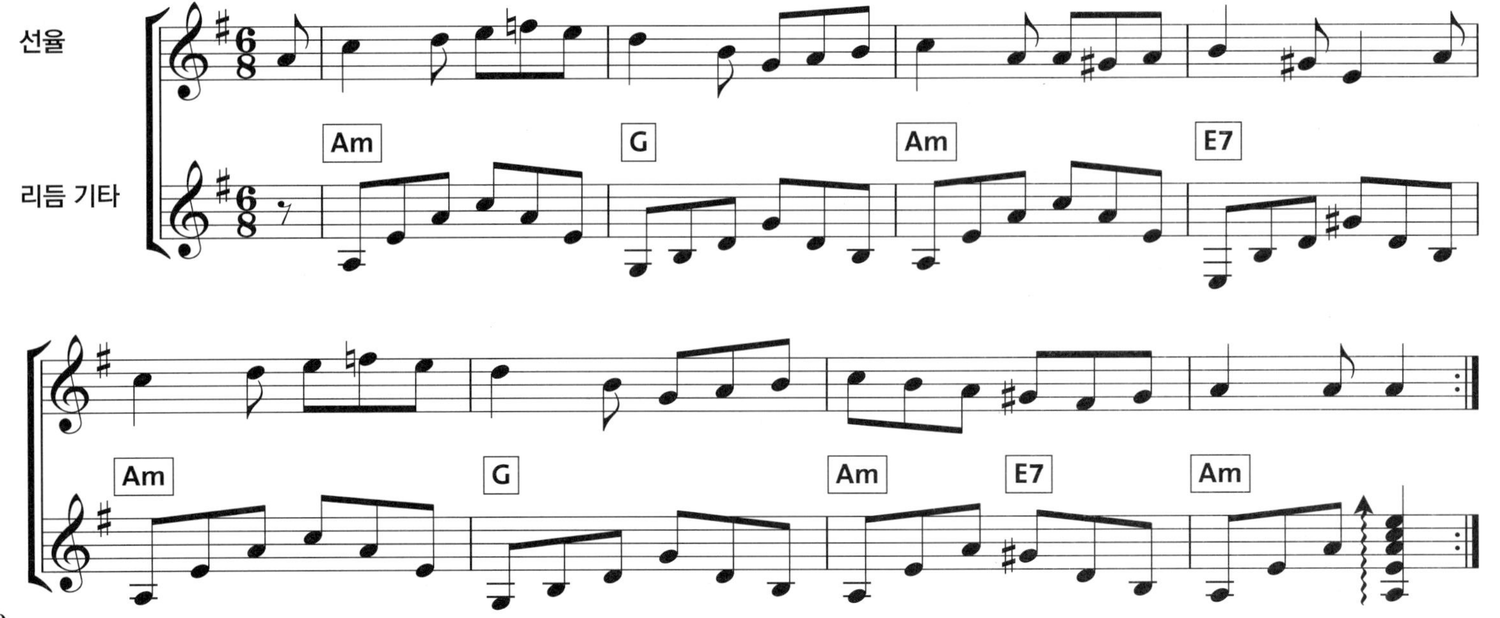

레슨 12를 위한 연주곡

By The Banks Of The Ohio (오하이오 강둑에 앉아)

19세기 미국 서부 음악

조표를 확인하세요. #이 세 개 있습니다 (A 메이저 조표). F#, C#, G#의 위치를 확인한 다음에 연주를 시작하세요.

리듬 기타 파트를 연주할 때는 코드를 잡고 아르페지오로 연주하세요.

goals:

1. 마이너 펜타토닉 스케일
2. 효과적인 기교
3. 16분음표
4. 펑크 (Funk)
5. 코드 슬라이드

마이너 펜타토닉 스케일

운지법을 바꾸면 오픈 포지션의 E 마이너 펜타토닉 스케일을 어느 프렛이서든 연주할 수 있습니다.
예를 들어 5프렛에 근음을 두고 펜타토닉 스케일을 연주하면 A 마이너 펜타토닉 스케일이 됩니다.

Tip

어느 음이 근음인지 생각하면서 연주하세요. 스케일을 연주하면서 마이너 바레 코드를 머릿속에 그려보세요.

악보를 보지 않고 Em 펜타토닉 스케일을 연주할 수 있게 되면, 프렛의 위치를 바꿔 다른 키에서도 연주해보세요.
Am 바레 코드, Am 펜타토닉 스케일의 상행과 하행, 그리고 다시 Am 코드를 연주하세요.
그리고 반음 올려 똑같이 연주하세요. 12프렛까지 반음씩 올리면서 연주하세요.

효과적인 기교

연주에 표현력을 더해주는 테크닉들이 있습니다.

벤딩을 할 때 지판을 누른 손가락 뒤에 있는 손가락들을 함께 이용해 줄을 밀면 도움이 됩니다.

온음 벤딩 (Whole-tone bends)

3번 줄 7프렛을 3번 손가락으로 눌러보세요. 현을 퉁긴 후 온음 하나만큼 음이 올라갈 때까지 위쪽을 향해 줄을 밀어보세요.

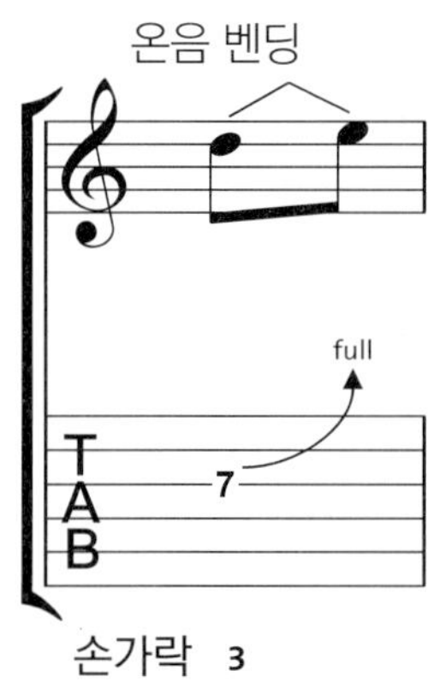
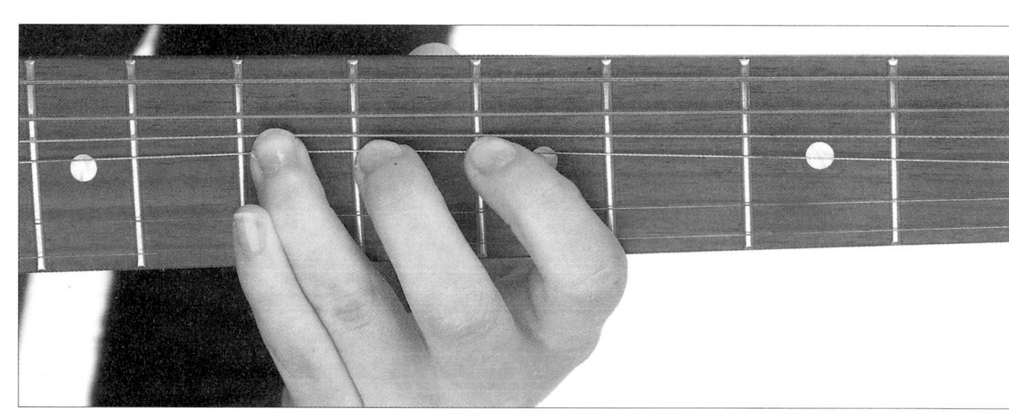

반음 벤딩 & 1/4 벤딩
(semitone & quarter-tone bends)

현을 퉁긴 후 반음 또는 1/4음만큼 음이 올라갈 때까지 줄을 위로 밀어보세요.

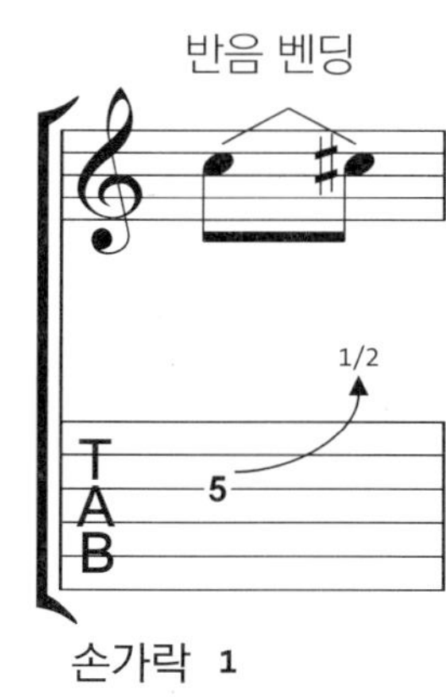

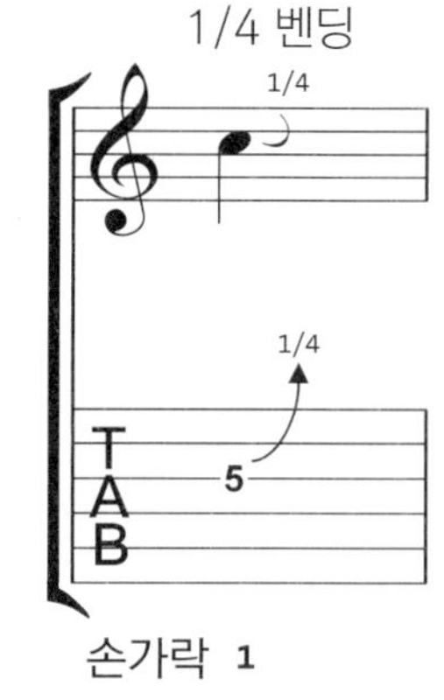

프리벤딩과 릴리즈 (Pre-bend and release)

온음 벤딩을 미리 하고 있는 상태로 줄을 퉁기고 다시 원래 음으로 돌아옵니다.

손가락 3

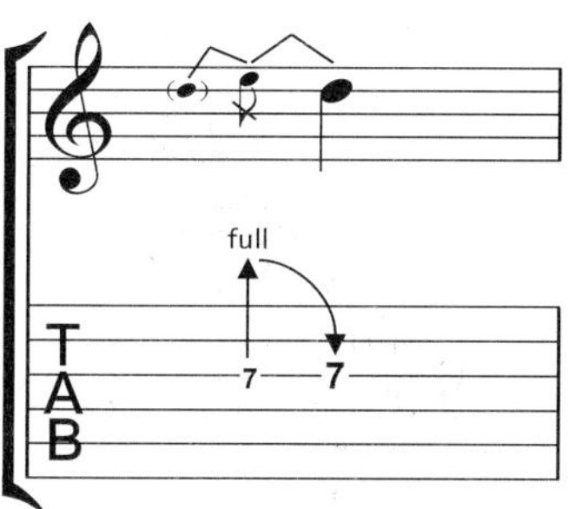

레가토 슬라이드 (Legato slide)

첫 음을 퉁긴 후 둘째 음의 자리로 손가락을 미끄러트립니다.

손가락 3

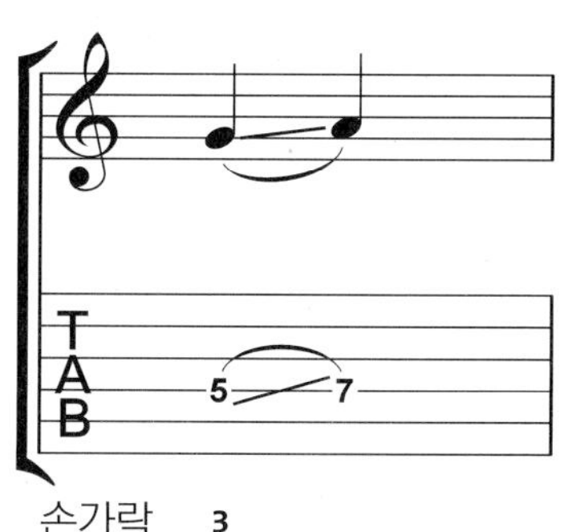

꾸밈음 슬라이드 (Grace note slide)

첫 음을 퉁기자마자 다음 음으로 손가락을 미끄러트립니다.

손가락 1

Tip

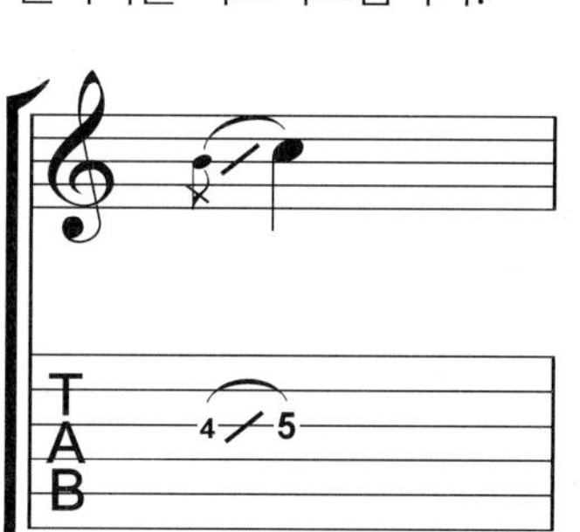

슬라이드 주법을 잘 사용하면 개성 있는 연주를 할 수 있습니다.

해머링 온 (Hammer-on)

첫 음을 퉁긴 다음 두 번째 음을 손가락으로 짚습니다.
두 번째 음은 줄을 퉁기지 않아도 소리가 날 것입니다.

손가락 1 3

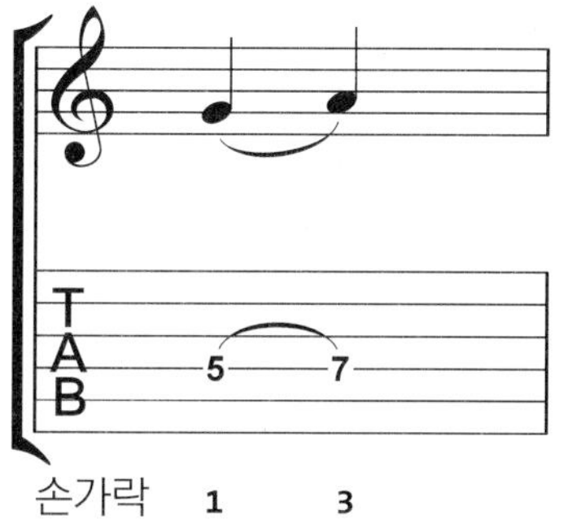

풀링 오프 (Pull-off)

두 음을 모두 손가락으로 짚은 뒤에 첫 음을 퉁기고, 첫 음을 짚었던 손가락을 떼면서 줄을 살짝 당깁니다. 이렇게 하면 피킹을 하지 않아도 자연스럽게 두 번째 음의 소리가 납니다.

손가락 3 1

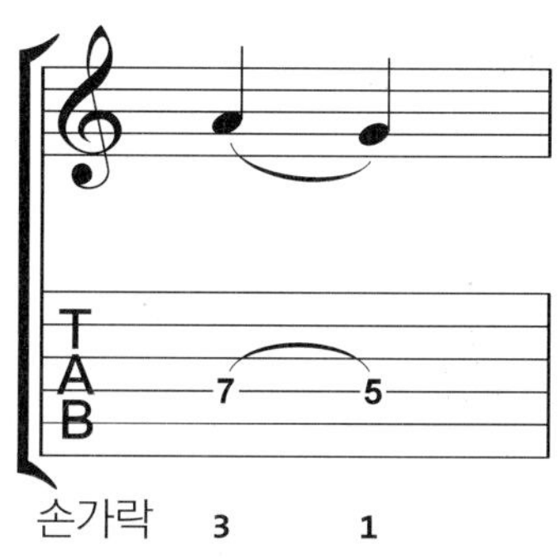

비브라토 (Vibrato)

음을 퉁긴 후 줄을 살짝 벤딩했다가 제자리로 돌아오는 것을 반복합니다. 중간에 소리가 끊어지지 않도록 유의하세요.

손가락 3

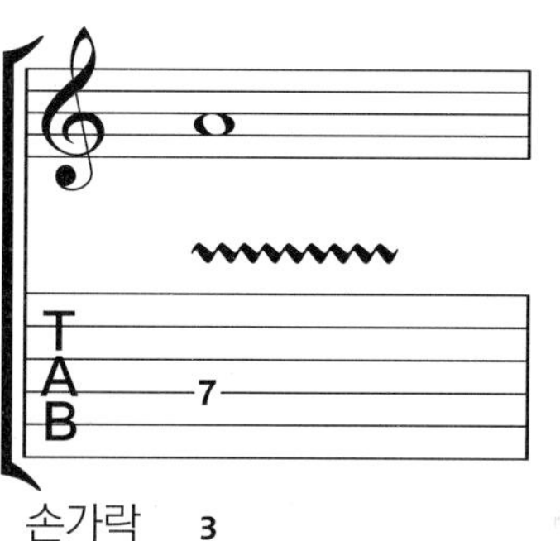

비브라토는 능숙하게 하기까지 시간이 조금 걸리는 테크닉입니다.

연습 1.

76

연습 1과 연습 2는 위의 테크닉들을 음악에서 어떻게 사용할 수 있는지 보여줍니다.

손가락 1 4 1 3 3 1 3 1 3

연습 2.

77

손가락 0 2 0 2 2 0 2 0

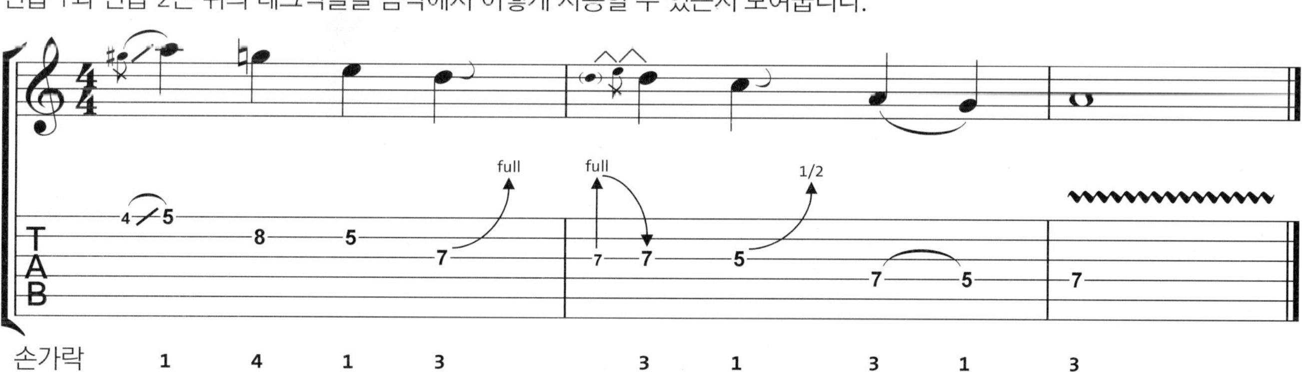

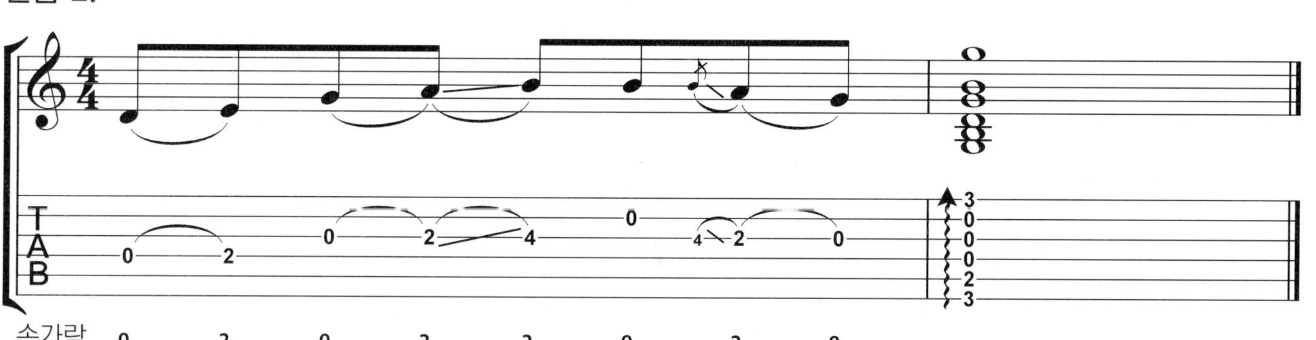

Tip

리듬 기타 파트를 연주할 때 16분음표가 나오면 소리를 내지 않을 때도 오른손은 16분음표에 맞춰 계속해서 위아래로 움직여야 합니다.

16분음표

《함께 하소서》는 펑크 리듬으로 연주합니다. 펑크 리듬은 대부분 16분음표로 이루어집니다. 4분음표를 둘로 나누면 8분음표가 2개가 되듯이, 8분음표를 둘로 나누면 16분음표 2개가 됩니다. 16분음표 4개가 모이면 4분음표 1개가 됩니다.

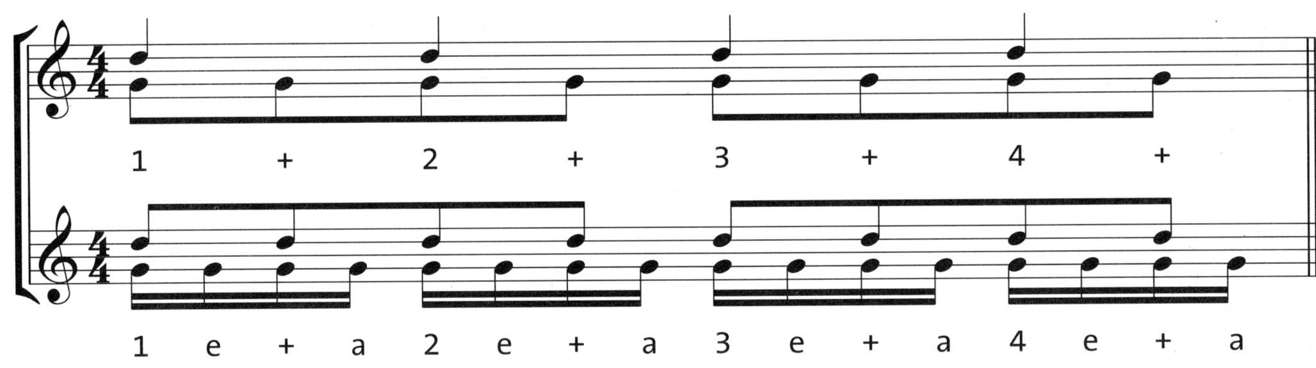

펑크 (* Funk)

펑크 음악에서는 리듬 기타를 연주할 때 오른손이 경직되어서는 안 됩니다. 하지만 타악기 같은 효과를 내야하기 때문에 현은 강하게 쳐야합니다.

* Funk와 Punk는 서로 다른 음악 장르이지만 이 책에서는 모두 '펑크'로 표기합니다.

78

음표 머리가 X 모양일 때는 그 음표를 연주하지 않을 수도 있고, 음악에 따라서는 스크래칭 (scratching) 할 수도 있습니다. 스크래칭이란 왼손은 살짝 줄에 대기만 한 채로 스트러밍하는 것입니다. 연주를 하지 않을 때도 리듬에 맞춰 오른손을 계속해서 움직입니다.

연습 3.

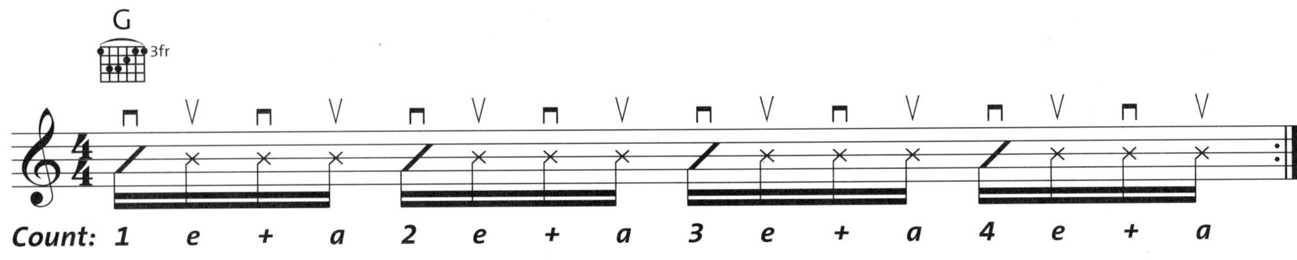

코드 슬라이드 (Chord Slide)

슬라이드 주법은 한 음뿐 아니라 코드에도 적용할 수 있습니다.

79

연습 4.

16분음표에 맞춰 오른손을 위아래로 계속 움직이면서 연주하세요. 스크래칭하면서, 또 스크래칭 없이 연습하세요. G♭ 코드는 2프렛에서 바레로 연주하고, 코드를 연주하고 바로 반음 올라가 G 코드를 잡습니다.

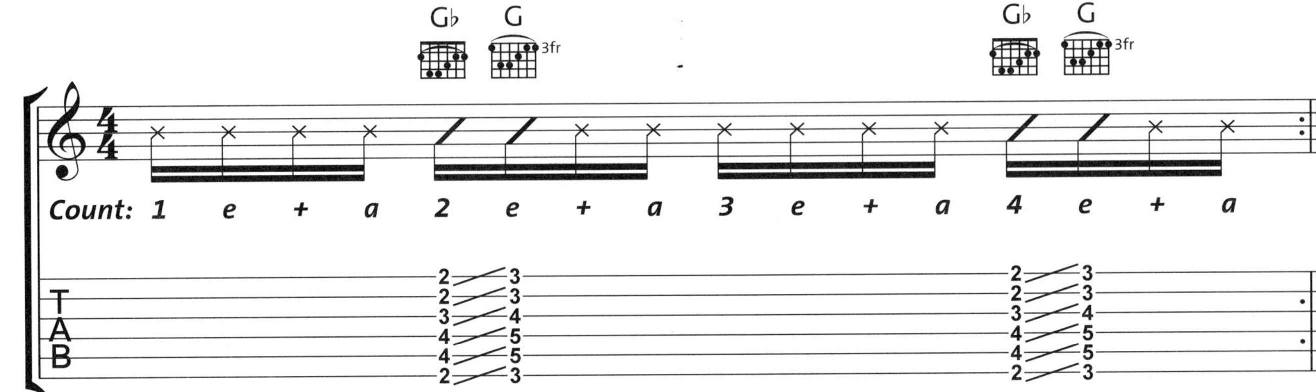

레슨 13을 위한 연주곡

Abide With Me (함께 하소서)

Monk

리듬 기타 파트를 연주할 때 아래 리듬으로 연주하세요. 괄호 안의 코드는(G) 스크래칭을 할 때 어떤 코드를 잡아야 하는지 알려줍니다.

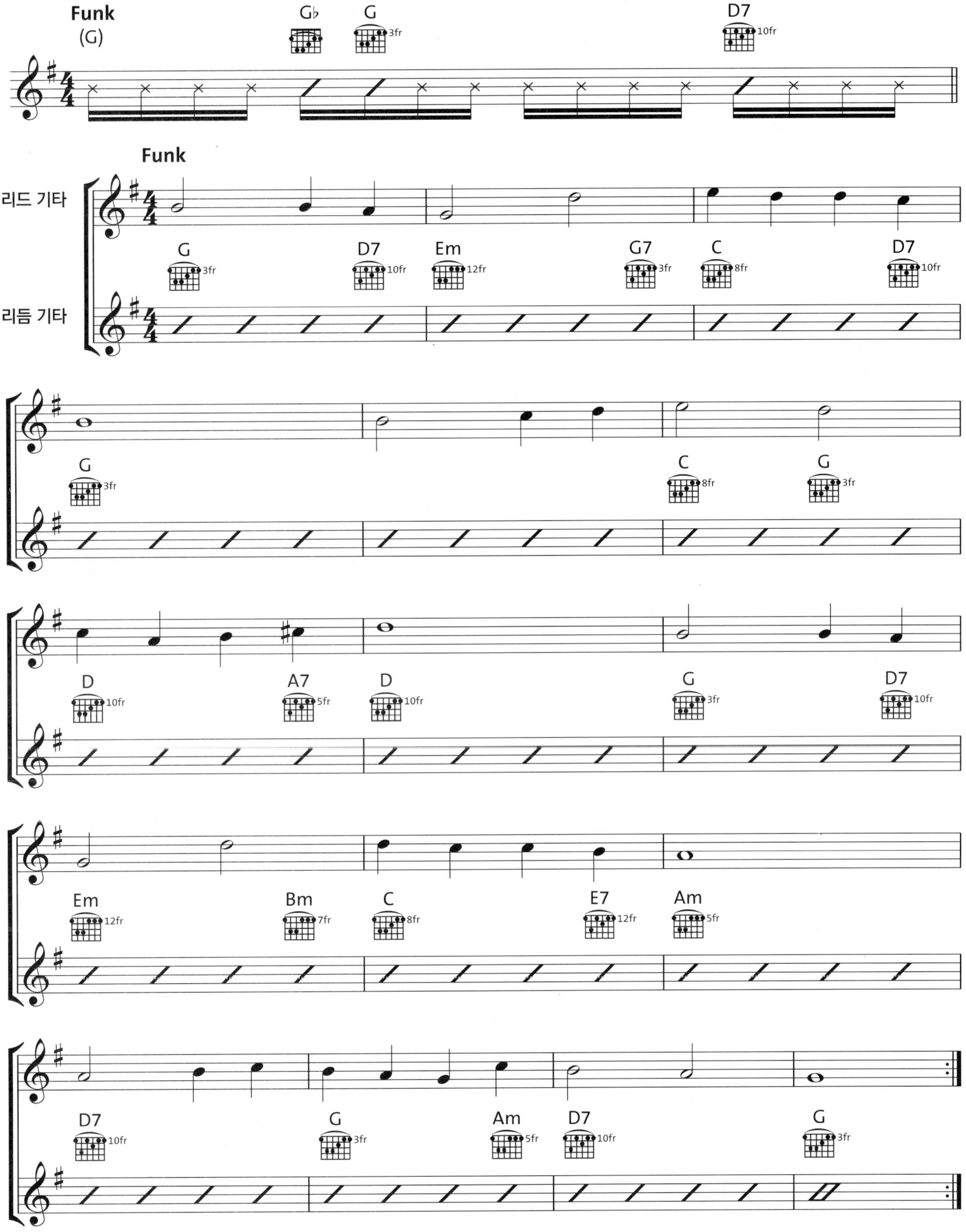

goals:

1. $\frac{12}{8}$ 박자
2. 블루스 리듬 기타
3. D 메이저 스케일
4. 리드 기타 연주하기
5. 블루스 기타 솔로
6. 늘임표 (페르마타)

$\frac{12}{8}$ 박자

한 마디에 8분음표가 12개 들어가며, 특히 블루스에서 많이 사용합니다.

82

연습 1.

Tip

두 음을 동시에 연주하는
주법은 더블스톱
(double stop)이라고
합니다.

블루스 리듬 기타

레슨 10에서 블루스 리듬 기타를 배웠습니다. 여기에 4번 손가락과 팜 뮤팅, 스타카토 주법을 더하면 새로운 차원의 블루스 리듬 기타가 완성됩니다.

83

9프렛은 4번 손가락으로
연주하세요.

연습 2.

D 메이저 스케일

D 메이저 스케일에는 F♯음과 C♯음이 사용됩니다.

연습 3.

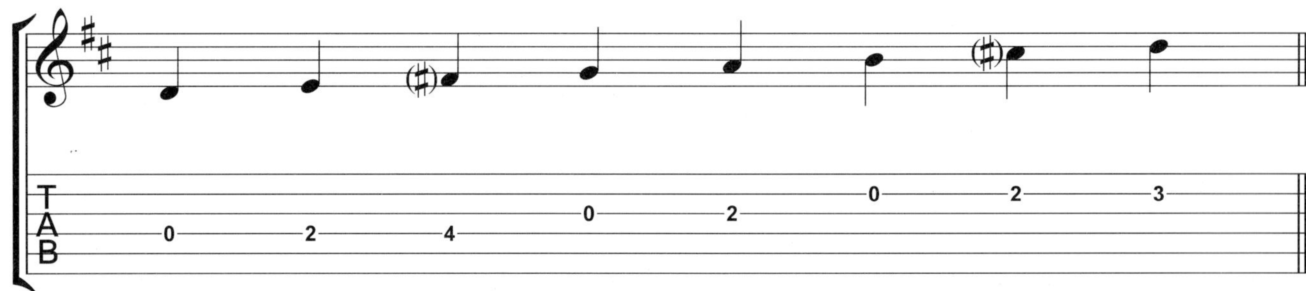

리드 기타 연주하기

대부분의 연주자들은 즉흥연주를 할 때 여러 가지 프레이즈 또는 릭(lick)을 사용합니다. 다음은 5프렛에서 Am 펜타토닉 스케일을 사용하는 프레이즈입니다. 다른 조에서도 응용할 수 있도록 잘 익혀두세요. 연습곡 그대로 연주하지 않고 리듬이나 음을 조금씩 바꿔도 좋습니다. 하지만 연습할 때마다 달라져서는 안 됩니다.

연습 4.

여러 가지 프레이즈를 잘 익혀두면 서로 연결해서 연주할 수 있습니다.

연습 5.

연습 6.

음악을 듣다가 마음에 드는 프레이즈를 발견했을 때 잘 연습해두면 나중에 유용하게 사용할 수 있습니다. 물론 직접 만드는 것도 좋습니다!

연습 7. Voodoo Girl (부두 소녀)

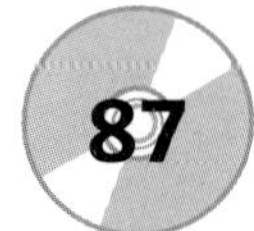

코드에 맞는 마이너 펜타토닉 스케일에서 음을 몇 개 골라 연주하세요. 익숙해지면 음을 더 추가해보세요.

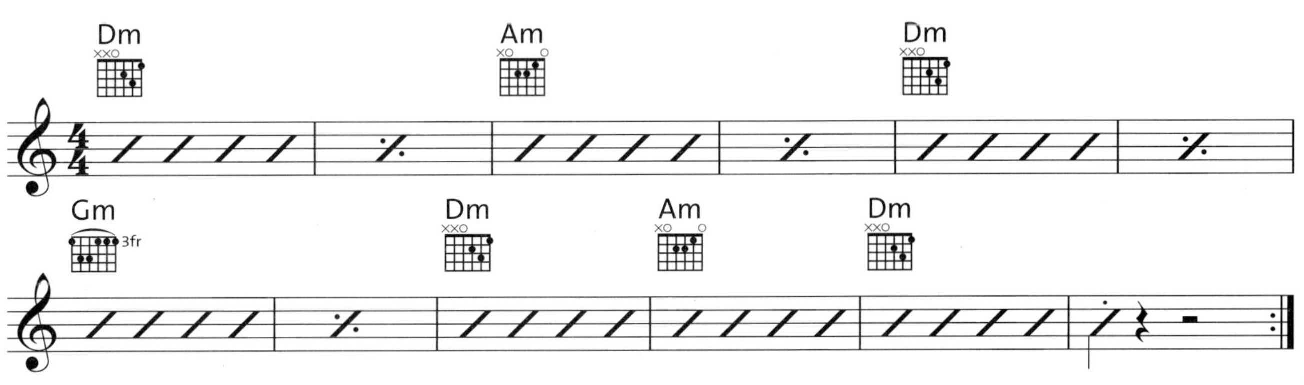

블루스 음악에서는 코드가 계속 바뀌어도 리드 기타는 한 종류의 마이너 펜타토닉 스케일로 처음부터 끝까지 연주할 수 있습니다. 하지만 코드에 맞게 스케일을 바꾸면 더 세련된 연주를 할 수 있습니다. Dm 코드가 나올 때는 Dm 펜타토닉으로, Am 코드가 나오면 Am 펜타토닉으로도 연주할 수 있습니다.

Careless Love (경솔했던 사랑)

미국 민요

부록 CD를 들으며 레슨 12에서 배운 컨트리 스타일 반주를 하세요. 모든 코드를 바레 코드로 연주하면 프렛에 익숙해지는
데 도움이 됩니다.

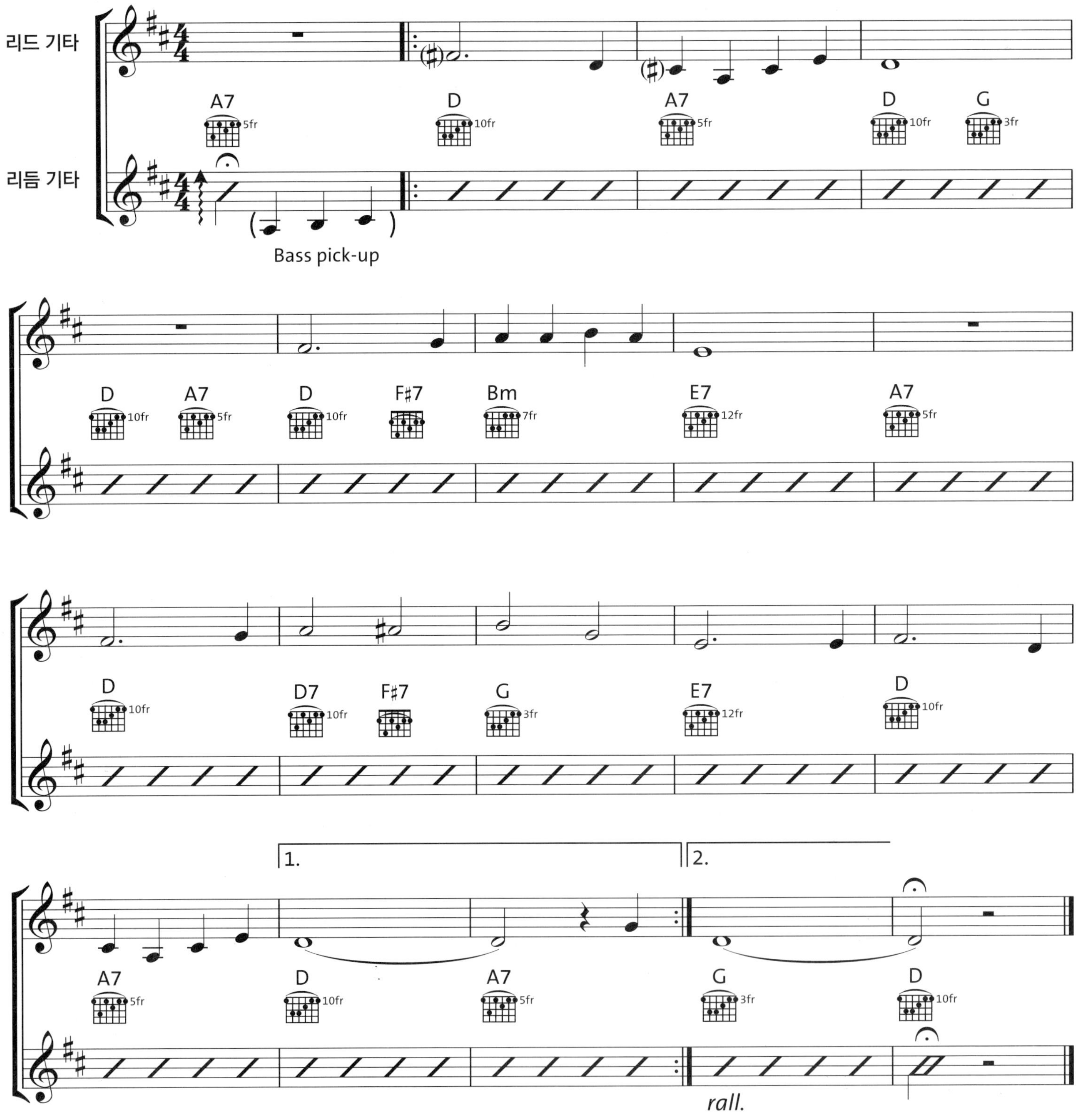

 기호는 늘임표 또는 페르마타(fermata)라고 합니다. 늘임표가 있으면 음표를 원래 길이보다 길게 연주합니다.
Rall. 는 rallantando(랄렌탄도)의 줄임말로, 점점 느리게 연주하라는 뜻입니다.

레슨 14 를 위한 연주곡

Blues Solo (블루스 솔로)

Pete Kershaw

여러 프레이즈를 모아서 솔로를 연주할 수 있는 방법을 보여주는 곡입니다.

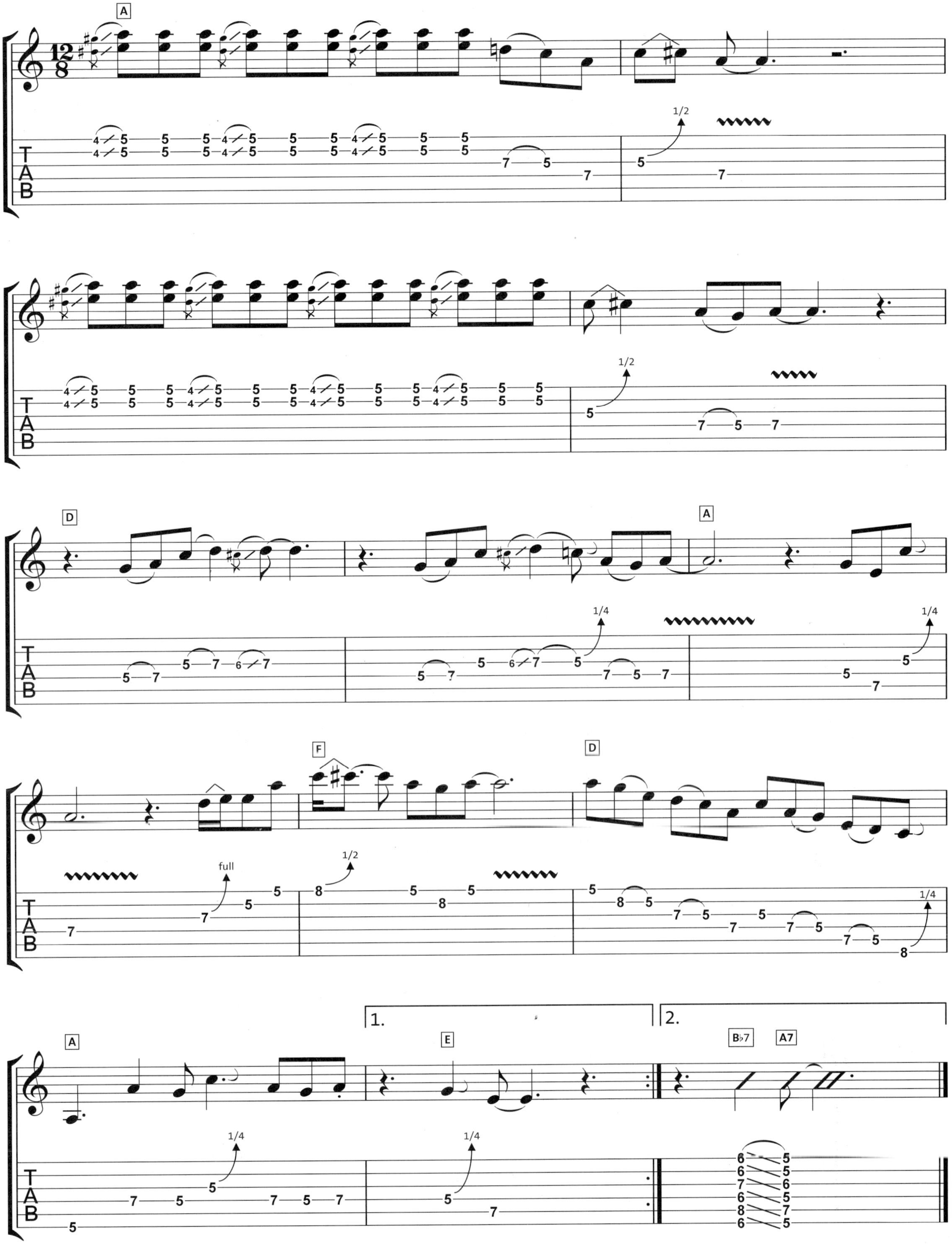

goals:

1. 재즈 리듬 기타
2. B♭메이저 스케일
3. D. S. al Coda (달 세뇨 알 코다)

Tip

선율을 연습할 때는 한 프레이즈씩 연습하세요. 한 프레이즈를 완벽하게 익힌 뒤에 그 다음 프레이즈로 넘어가세요.

기타 파트 악보 읽기

아래 연주곡을 연주하기 전에 페이지를 넘겨 연습 1, 2, 3을 먼저 연습하세요.

《키츠버리의 멋쟁이》에는 지금까지 배운 다양한 기호가 많이 들어있습니다. 적절한 음색을 선택하고 8분음표를 스윙으로 연주하세요. 리듬 기타와 리드 기타 중 하나를 선택해 부록 CD를 들으며 연주해보세요.

D.S. al Coda (달 세뇨 알 코다)는 달세뇨 기호로 돌아가서 "To Coda"라고 적힌 곳까지 반복한 다음 "⊕ Coda"라고 적힌 곳으로 건너 뛰어 곡을 마무리하라는 뜻입니다.

The Kitsbury Strut (키츠버리의 멋쟁이) 

Pete Kershaw

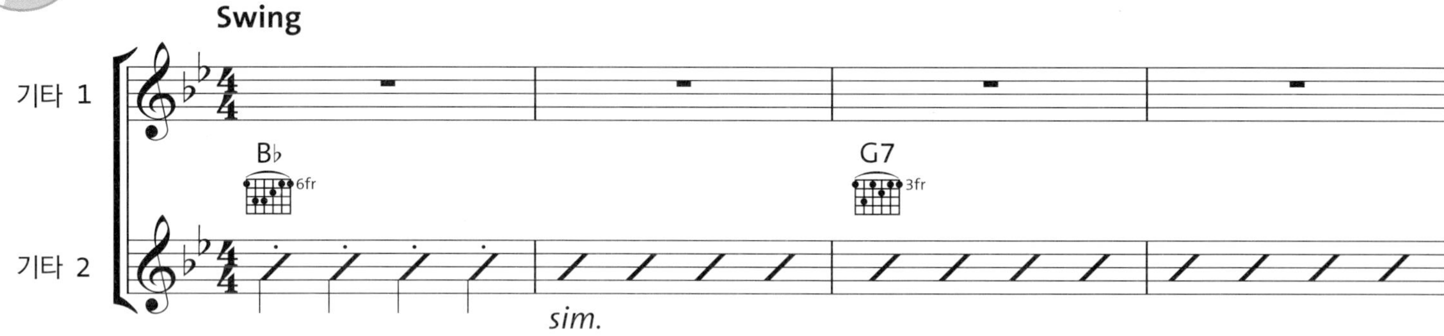

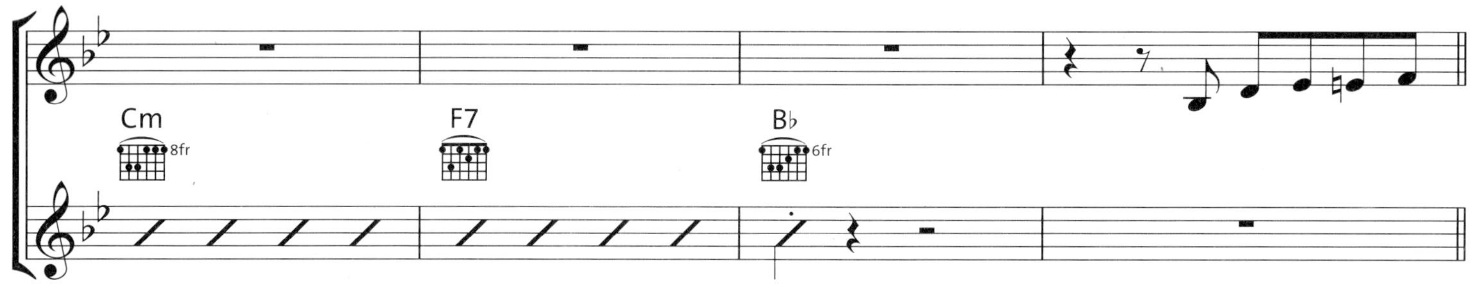

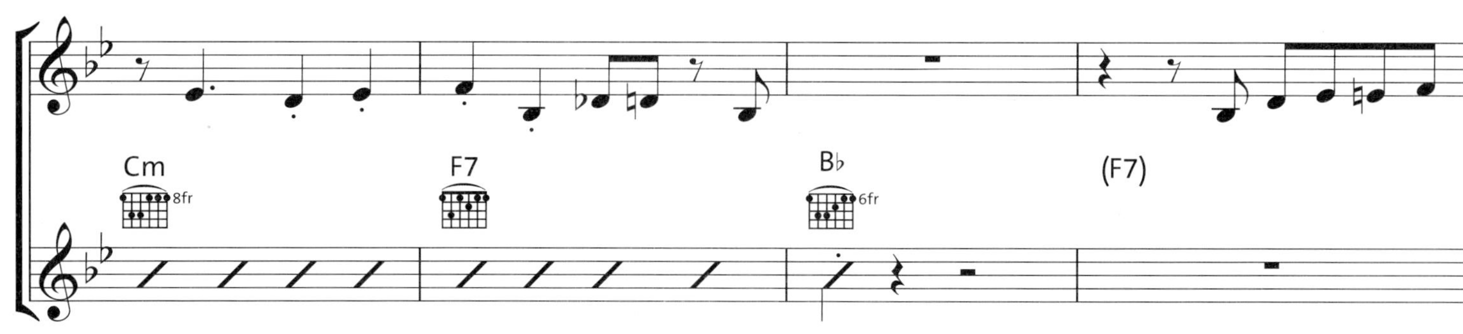

Bb 6fr
G7 3fr
sim.
Cm 8fr
F7
Bb 6fr
Fm
Bb7 6fr
Eb 11fr
Ab7 4fr
Gm 3fr
C7 8fr
sim.
D.S. al Coda
Cm 8fr
F7
Dm 10fr
Dbm 9fr
Cm 8fr
F7
Coda
1, 2.
3.
Cm 8fr
F7
Bb 6fr
A7 5fr
Ab7 4fr
G7 3fr
Bb 6fr
p
f
f

Bb 메이저 스케일

Bb과 Eb이 사용됩니다. 프렛 위치를 먼저 확인하고 연주를 시작하세요.

연습 1.

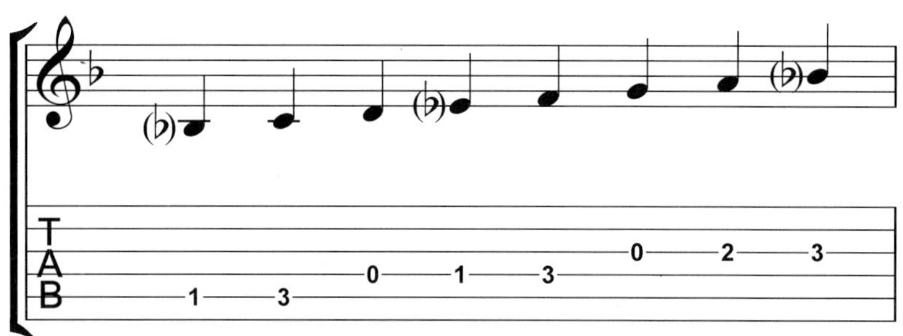

재즈 리듬 기타

재즈 리듬 기타의 특징은 스타카토 코드를 아주 많이 사용한다는 것입니다.
다음은 자주 사용되는 재즈 리듬 기타 패턴입니다.

연습 2.

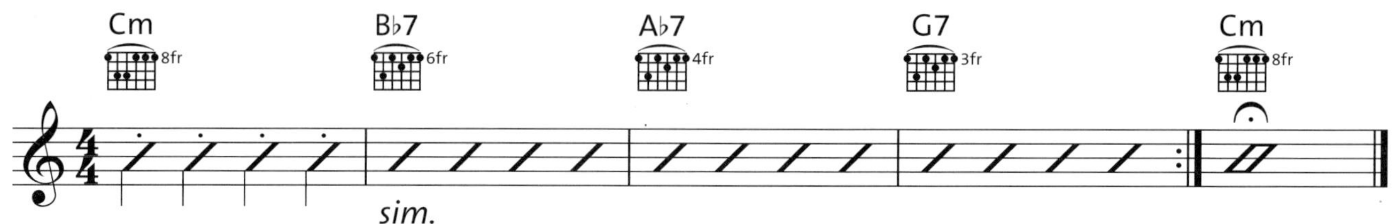

Tip

소리는 충분히 내되, 코드를 조금 짧게 연주해보세요. 재즈 음악의 바운스를 느낄 수 있을 것입니다.

연습 3. 찰스턴 리듬 (Charleston rhythm)

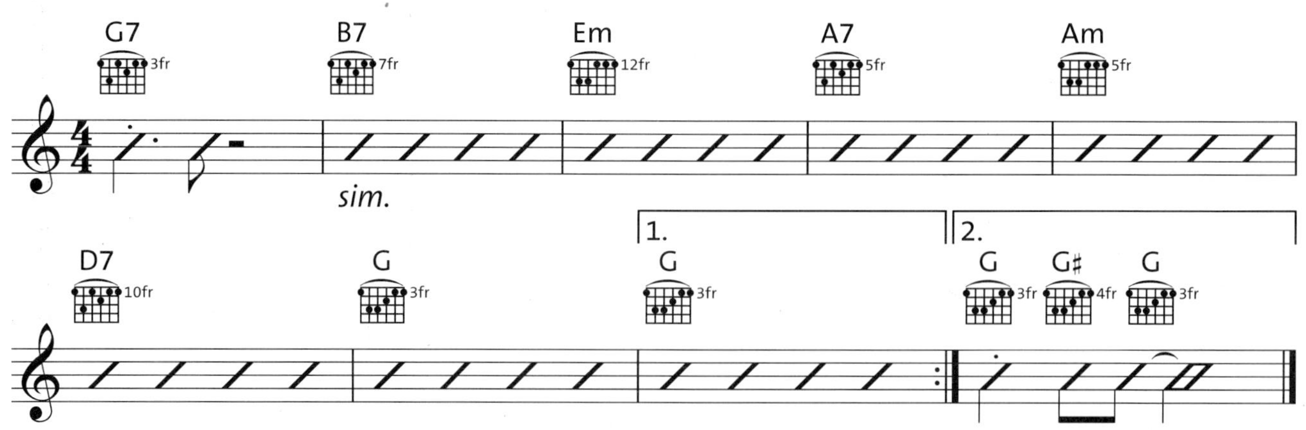

Lesson 11 ~ 15

1. 조표

알맞은 조표를 그려보세요.

F 메이저   D 메이저   G 메이저   C 메이저   B♭ 메이저

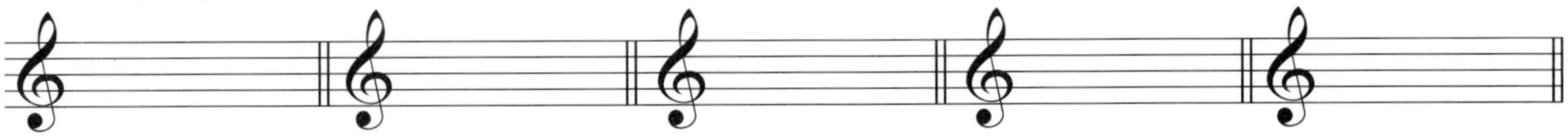

(5)

2. 박자표

악보를 보고 각 마디에 알맞은 박자표를 그리세요.

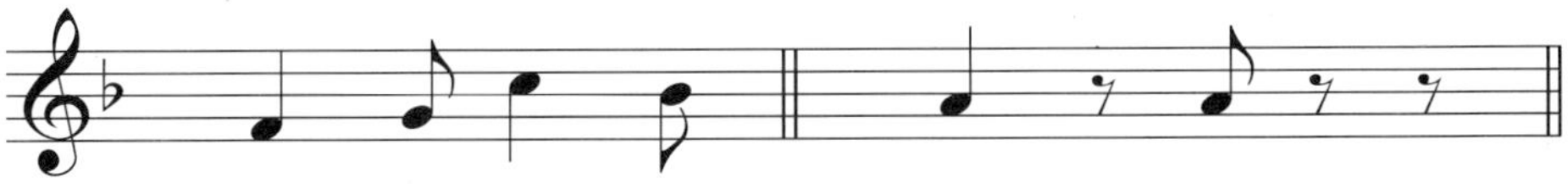

(2)

3. 코드

다음 코드를 오픈 포지션과 바레 코드로 연주해보세요.

C   **Am**   **G₇**   **Em**   **D₇**   **(10)**

4. A♭ 펜타토닉 스케일

A♭ 펜타토닉 스케일을 상행과 하행으로 연주해보세요.

(3)

5. 연주 테크닉

아래 악보를 보고 지금까지 배운 테크닉을 활용해 연주해보세요.

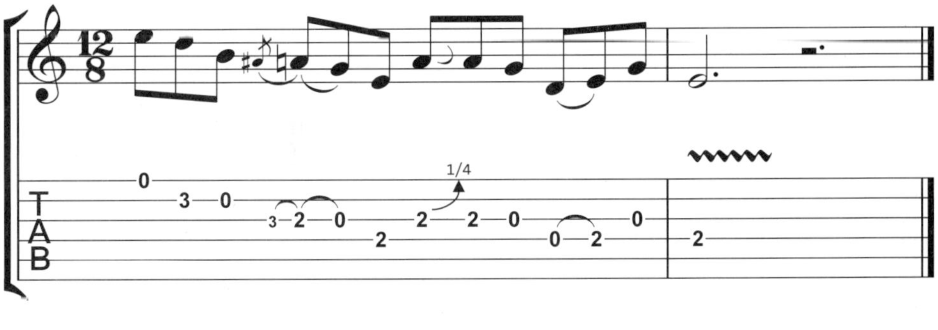

(5)

Total (25)

CD track

1 튜닝음 E
2 튜닝음 A
3 튜닝음 D
4 튜닝음 G
5 튜닝음 B
6 튜닝음 E
7 일렉 기타 연주의 예
8 The Night Shift *(연주)*
9 The Night Shift *(반주)*
10 Matilda's Revenge *(연주)*
11 Matilda's Revenge *(반주)*
12 Souled Out *(연주)*
13 Souled Out *(반주)*
14 Eliza's Eyes *(연주)*
15 Eliza's Eyes *(반주)*
16 Get The Groove *(연주)*
17 Get The Groove *(반주)*
18 Oh When The Saints Go Marching In *(연주)*
19 Oh When The Saints Go Marching In *(반주)*
20 Skip To My Lou *(연주)*
21 Skip To My Lou *(반주)*
22 Lightly Row *(연주)*
23 Lightly Row *(반주)*
24 Mojo *(연주) (반복 없음)*
25 Mojo *(반주)*
26 Red River Valley *(연주)*
27 Red River Valley *(반주)*
28 Blues For Mrs. V-K *(연주, 반복 없음)*
29 Blues For Mrs. V-K *(반주)*
30 Rhythm Guitar Study *(레슨 4 연주)*
31 Molly Malone *(연주, 반복 없음)*
32 Molly Malone *(반주)*
33 When Johnny Comes Marching Home *(연주, 반복 없음)*

34 When Johnny Comes Marching Home *(반주)*
35 Night Train To Moscow *(연주)*
36 Night Train To Moscow *(반주)*
37 Harem Dance *(연주)*
38 Harem Dance *(반주)*
39 Lesson 6 연습 6 *(연주)*
40 The Star Spangled Banner *(연주)*
41 The Star Spangled Banner *(반주)*
42 Rhythm Guitar Study (Lesson 6)
43 The Drunken Sailor *(연주, 반복 없음)*
44 The Drunken Sailor *(반주)*
45 Londonderry Air *(연주)*
46 Londonderry Air *(반주)*
47 Rhythm Guitar Study (Lesson 7)
48 Rhythm Guitar Study (Lesson 8)
49 Down By The Riverside *(연주)*
50 Down By The Riverside *(반주)*
51 We Three Kings *(연주, 반복 없음)*
52 We Three Kings *(반주)*
53 G major improvisation *(반주)*
54 Rhythm Guitar Study (Lesson 9)
55 Aura Lee *(연주, 반복 없음)*
56 Aura Lee *(반주)*
57 Auld Lang Syne *(연주, 반복 없음)*
58 Auld Lang Syne *(반주)*
59 F major improvisation *(반주)*
60 Down By The Station *(연주)*
61 Rhythm Guitar Study *(레슨 10 연주)*
62 Can Can *(연주)*
63 Can Can *(반주)*
64 Jingle Bells *(연주)*
65 Jingle Bells *(반주)*
66 Entry Of The Gladiators *(연주)*
67 Entry Of The Gladiators *(반주)*
68 Swing Low, Sweet Chariot *(연주, 반복 없음)*
69 Swing Low, Sweet Chariot *(반주)*

70 Will The Circle Be Unbroken *(연주, 반복 없음)*
71 Will The Circle Be Unbroken *(반주)*
72 Greensleeves *(연주, 반복 없음)*
73 Greensleeves *(반주)*
74 By The Banks Of The Ohio *(연주, 반복 없음)*
75 By The Banks Of The Ohio *(반주)*
76 Lesson 13 연습 1 *(연주)*
77 Lesson 13 연습 2 *(연주)*
78 Lesson 13 연습 3 *(연주)*
79 Lesson 13 연습 4 *(연주)*
80 Abide With Me *(연주)*
81 Abide With Me *(반주)*
82 Lesson 14 연습 1 *(연주)*
83 Lesson 14 연습 2 *(연주)*
84 Lesson 14 연습 4 *(연주)*
85 Lesson 14 연습 5 *(연주)*
86 Lesson 14 연습 6 *(연주)*
87 Voodoo Girl *(반주)*
88 Careless Love *(연주)*
89 Blues Solo *(연주)*
90 Blues Solo *(반주)*
91 The Kitsbury Strut *(연주)*

부록 CD

트랙 1~6은 튜닝 트랙이고 트랙 7은 기타 연주의 예를 들려줍니다. 트랙 8 부터는 책에 배치된 순서대로 악곡이 수록되어 있습니다.

그림위에 적힌 숫자가 트랙 번호입니다.

발행인 이병직
발행처 도서출판 뮤직트리

초판 1쇄 발행 2011년 6월 20일

출판신고 2003년 7월 11일 제 406 - 2003 - 00006호   121 - 840 서울시 마포구 서교동 395 - 179 미르B/D 3F TEL.02)325 - 2592 FAX.02) 334 - 4704

번   역 윤인영
감   수 이성우
편   집 강효정 · 박수연 · 윤인영 · 김지니
디자인 책임 이현정
디자인 진행 페이지 엠 (www.page-m.com)

ISBN 978 - 89 - 6296 - 159 - 1
        978 - 89 - 6296 - 148 - 5 (set)

정가 10,000원

www.adventure.co.kr

주요 스케일

C 메이저

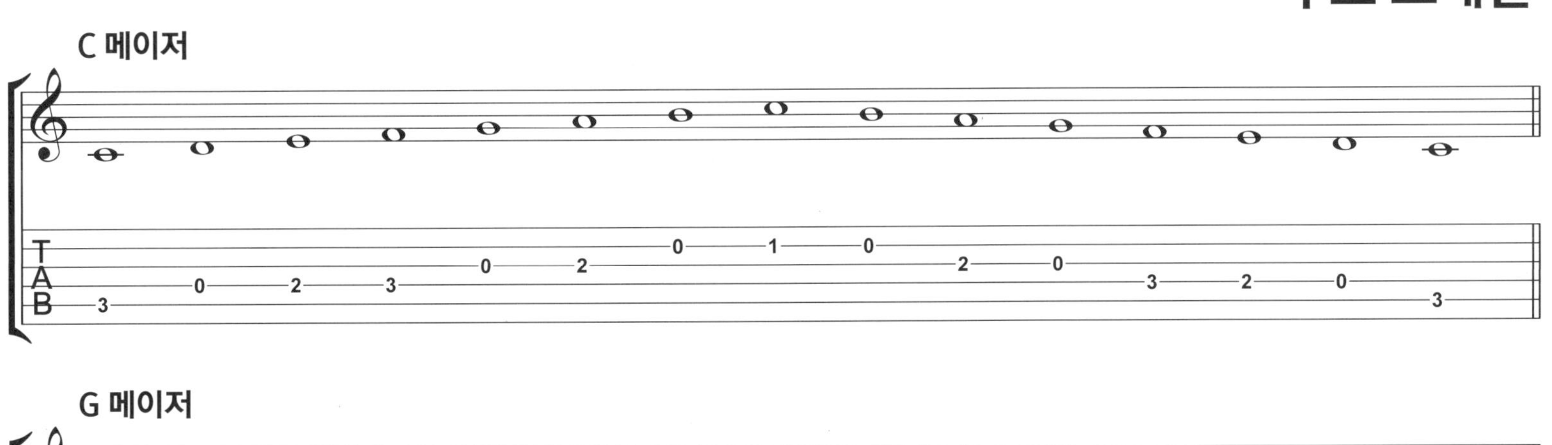

G 메이저

F 메이저

D 메이저

B♭ 메이저

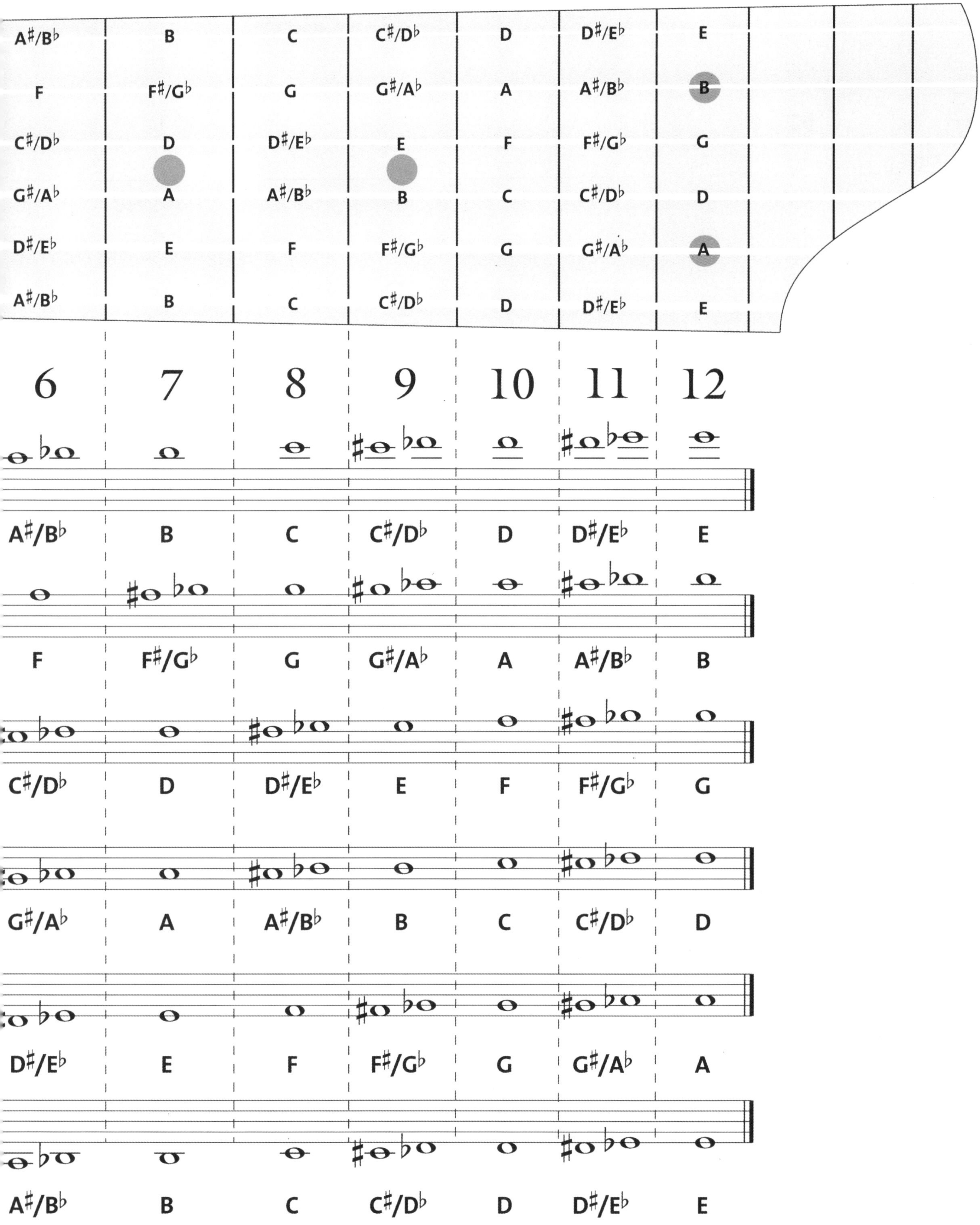

A#/B♭ | B | C | C#/D♭ | D | D#/E♭ | E
F | F#/G♭ | G | G#/A♭ | A | A#/B♭ | B
C#/D♭ | D | D#/E♭ | E | F | F#/G♭ | G
G#/A♭ | A | A#/B♭ | B | C | C#/D♭ | D
D#/E♭ | E | F | F#/G♭ | G | G#/A♭ | A
A#/B♭ | B | C | C#/D♭ | D | D#/E♭ | E

6   7   8   9   10   11   12

A#/B♭ | B | C | C#/D♭ | D | D#/E♭ | E
F | F#/G♭ | G | G#/A♭ | A | A#/B♭ | B
C#/D♭ | D | D#/E♭ | E | F | F#/G♭ | G
G#/A♭ | A | A#/B♭ | B | C | C#/D♭ | D
D#/E♭ | E | F | F#/G♭ | G | G#/A♭ | A
A#/B♭ | B | C | C#/D♭ | D | D#/E♭ | E

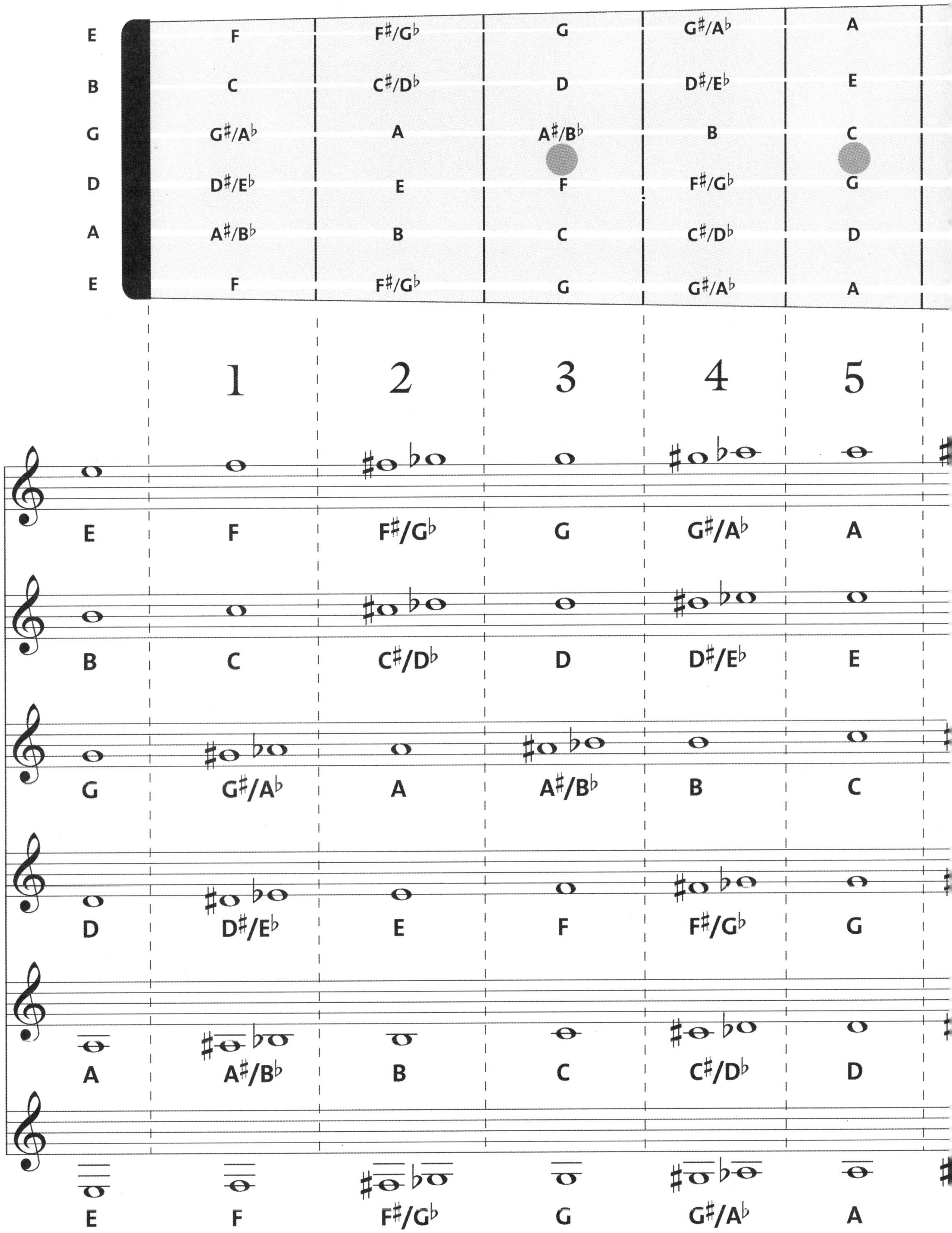

E		F		F#/G♭		G		G#/A♭		A
B		C		C#/D♭		D		D#/E♭		E
G		G#/A♭		A		A#/B♭		B		C
D		D#/E♭		E		F		F#/G♭		G
A		A#/B♭		B		C		C#/D♭		D
E		F		F#/G♭		G		G#/A♭		A

1   2   3   4   5

	E	F	F#/G♭	G	G#/A♭	A
	B	C	C#/D♭	D	D#/E♭	E
	G	G#/A♭	A	A#/B♭	B	C
	D	D#/E♭	E	F	F#/G♭	G
	A	A#/B♭	B	C	C#/D♭	D
	E	F	F#/G♭	G	G#/A♭	A

앰프 세팅

아래의 표는 각 스타일에 어울리는 앰프 세팅과 픽업을 보여줍니다.
하지만 반드시 이대로만 해야 하는 것은 아닙니다.

음악 스타일	디스토션	트레블	미들	베이스	리버브	픽업	픽업 톤
클래식 락	4	7	5	4	2	브릿지 픽업	10
메탈	8	10	0	10	3	브릿지/넥	자유롭게
레게	0	8	5	4	2	브릿지 픽업	10
컨트리	0	7	5	3	3	브릿지 픽업	10
블루스	3	7	6	4	3	브릿지/넥	10
재즈	0	4	5	7	2	넥 픽업	3

자주 쓰이는 펜타토닉 스케일

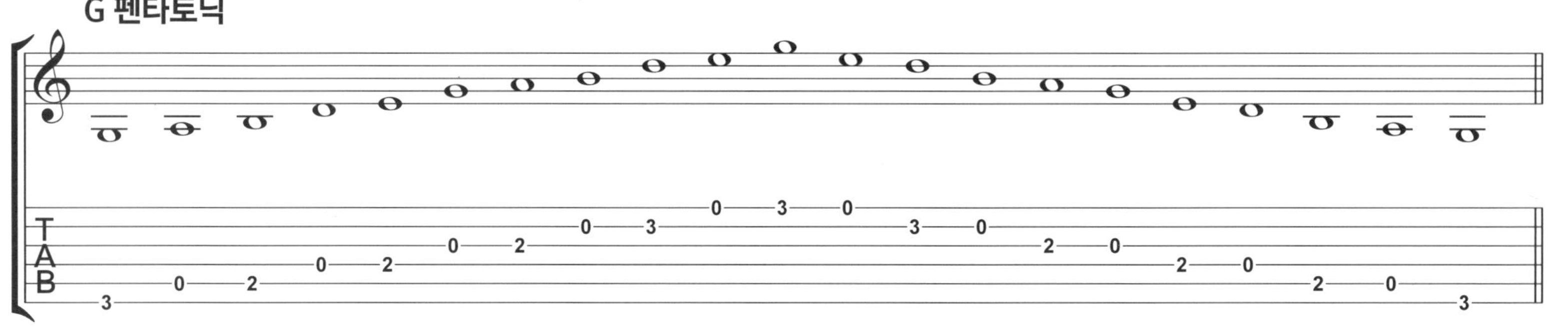

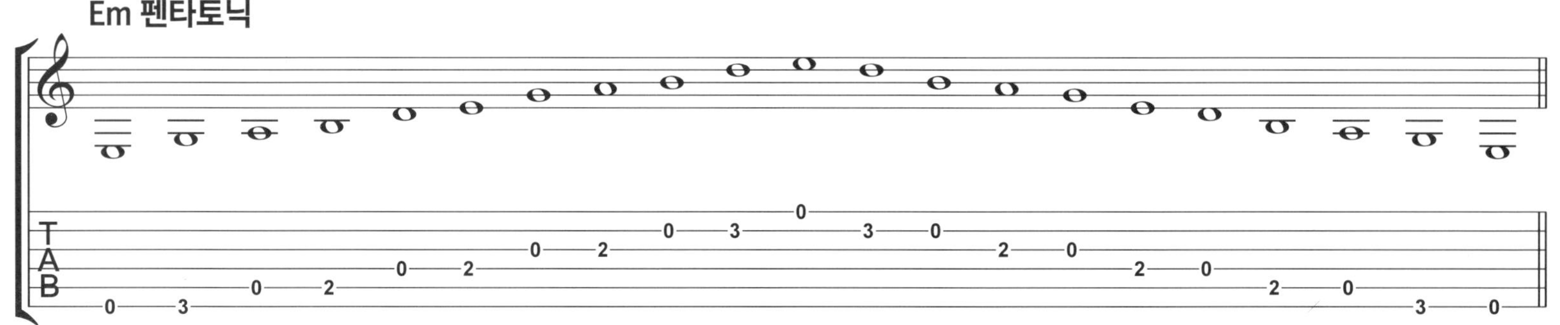